的 柔

戒 道

律

CANON OF JUDO

原 著——〔日〕三船久藏

主 译——晋松

副主译——查宇亮 韩海军 黄瀚文

顾 问——程志山 熊凤山 唐琳

四川大学出版社

项目策划：曾　鑫
责任编辑：曾　鑫
责任校对：李金兰
封面设计：墨创文化
责任印制：王　炜

图书在版编目（CIP）数据

柔道的戒律 / 晋松主译；（日）三船久藏原著．—
成都：四川大学出版社，2021.1
　　ISBN 978-7-5690-3437-0

　　Ⅰ．①柔… Ⅱ．①晋… ②三… Ⅲ．①柔道—基本知
识 Ⅳ．① G886.4

　　中国版本图书馆 CIP 数据核字（2020）第 014542 号

书名	柔道的戒律
	ROU DAO DE JIE LÜ
主　译	晋　松
出　版	四川大学出版社
地　址	成都市一环路南一段 24 号（610065）
发　行	四川大学出版社
书　号	ISBN 978-7-5690-3437-0
印前制作	墨创文化
印　刷	四川盛图彩色印刷有限公司
成品尺寸	170mm×240mm
印　张	13.75
字　数	280 千字
版　次	2021 年 1 月第 1 版
印　次	2022 年 3 月第 2 次印刷
定　价	79.00 元

◆ 读者邮购本书，请与本社发行科联系。
　电话：(028)85408408/(028)85401670/
　(028)86408023　邮政编码：610065
◆ 本社图书如有印装质量问题，请寄回出版社调换。
◆ 网址：http://press.scu.edu.cn

四川大学出版社
微信公众号

编译委员会名单

原　著： ［日］三船久藏

主　译： 晋　松

副主译： 查宇亮　韩海军　黄瀚文

柔道运动顾问： 程志山　熊凤山　唐　琳

日本文化顾问： 田兵伟

编　委： 曾　伟　陈　海　龚　华　罗丹青　张晓琴

李林炯　仝凌波　张慧敏　贺　雨　陈玖珂

罗玉珍　杜梦诗　田　田　张为芳　邵佩佩

吴德智　［韩］梁铉硕　　王　柳　晋雨璐

邹明玥　郭　鸿　赵田芊　冯　园　傅敬伟

图片配合选手： 赵顺奎　冯帅超

图片摄影： 艾　坤　李洋洋　徐金鹏

书名题字： 邹成永（怀真）

序一

唯一能将"隅落"用于实战对抗的柔道家——一代宗师三船久藏红带十段,是我自投身柔道以来的绝对偶像!

我自幼喜欢强身健体、比画比画,没有任何门道也无老师指点,练武只是一个咫尺天涯的梦想。初中二年级的时候,作为学生干部参加成都市少先队的受阅仪式,很光荣也很自豪。正因如此,有机会每天可以观看武警四川总队战士们进行擒敌拳训练并暗中学习,这是我平生第一次受到了"师父"的指点。从此,我懂得了尊重与坚强!

记不清是哪一天,我开始接触柔道,特别喜欢也特别关注,再一次开始了自我练习的历程。不过那时候的条件比以前好了很多,可以找到北京体育学院(现北京体育大学)编著的一些资料,虽然不多,但已经非常满足了。就这样一直坚持下去,直到加入四川省柔道队。通过若干年的观察与总结,柔道项目自身的规律,柔道伤病的诊治规律,应该说我都了然于心,多次为奥运冠军、世界冠军及全国冠军诊治。当然,我也成为柔道的医务监督与四川省柔道协会的副秘书长。

无论我在成都工作的单位、我到基层挂职的单位,还是我所居住的小区,都克服重重困难建立了柔道训练场,这样使很多民众受益。我的女儿和她的小伙伴们也是柔道练习者,我是他们的启蒙教练,女儿目前水平达到了一级,柔道教会了他们礼仪、坚韧与自信!多年的执着,我已深深融入柔道之中。出于对三船久藏大师的敬仰,也出于对柔道的热爱,在众多朋友们的帮助下,斗胆编译完成中文版《柔道的戒律》。不妥之处,敬请广大同仁批评指正、不吝赐教!

晋 松 博士
2020 年 12 月 29 日
于蓉城

序二

    三船久藏先生是柔道祖师嘉纳治五郎先生的嫡传弟子，也是为数不多的几位获得柔道十段荣誉段位的柔道宗师之一。三船久藏先生在七十岁的生日之际完成了他的经典之作《柔道的戒律》一书。三船久藏先生十一岁开始师从嘉纳治五郎先生学习柔道的技法和柔道的文化，通过 59 年的浸刻与磨练，形成了精湛的柔道技艺，在全面继承嘉纳先生的创立的柔道技术方法的基础之上，进行了三船久藏先生自己的研发与创造，在投技、寝技、进攻方法与反攻技术的变换以及紧急情况下对受伤选手的复苏方法上都进一步体现了自己的特点。三船久藏先生在七十岁之时，已深厚地掌握了"讲道馆"柔道的精髓，在传统柔道的技术理论上形成了《柔道的戒律》一书。

    本人是一名专业的柔道教练员，从 1979 年川溪秀先生将柔道运动引入中国时就从中国式摔跤转入柔道运动训练。1982 年大学毕业后从事专业柔道教练和柔道的研究工作一直到退休，先后参加了 7 届奥运会国家柔道队教练组的工作。通过参加三船久藏先生《柔道的戒律》一书的审译过程中，对柔道这项在世界上极具影响力的运动有了更加深刻了解和更加传统的认识。随着时间的推移和形势的需要，奥运会柔道运动在国际柔联采用的规则经历了诸多改变，从而使奥运会柔道技术和传统的柔道技术方法有了很大的区别和改变，这些改变顺应了历史潮流的发展方向。但是我认为，作为从事专业柔道工作的人们和爱好柔道训练的人们，在练习现代柔道的同时，还需要认真进行对传统的柔道技术加以继承，从而能够全面继承和发展嘉纳治五郎先生对于柔道的期望：精力善用，自他共荣。

程志山 八段

前国家女子柔道队总教练

四川省柔道协会主席

2020 年 12 月 29 日于成都

前 言

随着柔道在公众中的声望逐渐提升，我们认为，加深对柔道本质的价值之理解是理所应当且自然的事情。正确理解并对待事物无疑是一种乐趣的源泉；而事物越美妙，乐趣也就越多。

迄今为止，柔道已被通过多种途径解释和介绍给世人，然而日本却一度因战争沦入黑暗之中。但是，如今这个国家正在重新迎来黎明，迎来明净的蓝天，而柔道如同新鲜空气一般重新受到提倡。在这里，柔道带着崭新的含义开始发芽。柔道体现了生命之道，故而得以发扬光大。

不仅在日本，如今在全世界范围内，柔道一词均受到渴望。其之所以受到如此一致的支持和期待，原因可仅归结于一点，那便是：柔道在其明快的动作中，具体地保持了轻松自由的人类活动的基本状态。说到底，柔道的种种技巧和奥秘，皆单纯来源于此。

受训练和教导于讲道馆创始人嘉纳治五郎的门下，我与柔道已相伴了 59 个年头。尽管年逾古稀，我至今尚未停止严苛的柔道训练，心中仍怀有朝气蓬勃、历久弥新的希望。现在，应株式会社诚文堂新光社的诚挚要求，我为本书写作了完整的书稿，其目的如上所述，同时增添了一些新的发明创造，希望为柔道未来的发展助力。

通过和平会议，日本重新获得独立，但世界尚未享受到和平。人类所渴望的真正的和平，是净化世间的邪念和非理性。由于柔道表达真理，远离非理性，它将受到正义之人的喜爱，不分国界。

作者

柔道的戒律 CANON OF JUDO
（规则与技术）

五大准则

固技（固技和限制技术）

目录终

作者 70 岁寿诞的留影

·横落的决定性瞬间

· 施展隔落的关键时刻

· 隅落的决定性瞬间

· 施展左巴投的前一刻

· 肩车

·后车的决定性瞬间

· 施展后车的关键时刻

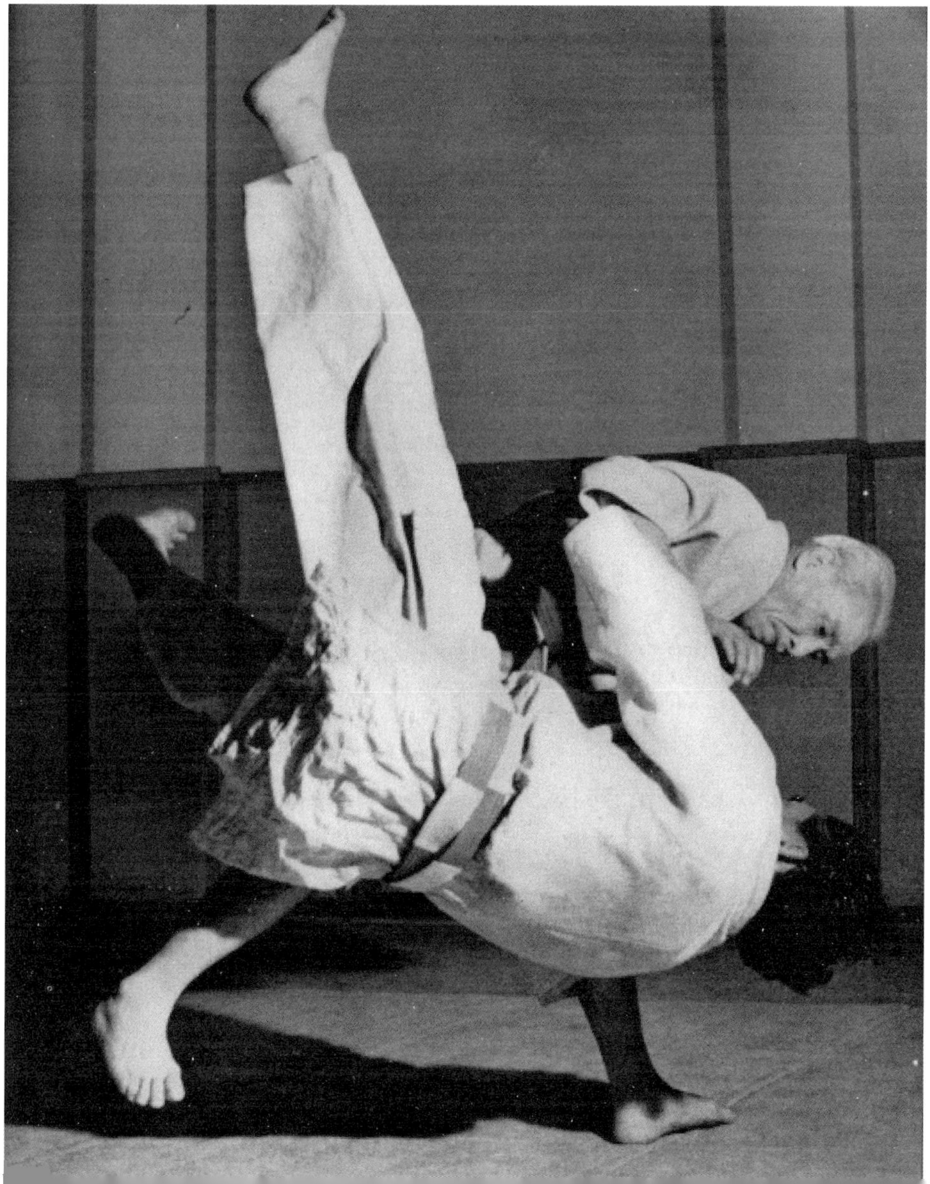

· 球车（左膝关节垂直）

· 球车（右膝关节垂直）

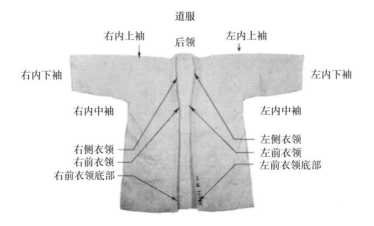

道服

右内上袖　后领　左内上袖

右内下袖　　　　　　　　　　　　左内下袖

右内中袖　　　　　　　　左内中袖

右侧衣领　　　　　　左侧衣领
右前衣领　　　　　　左前衣领
右前衣领底部　　　　左前衣领底部

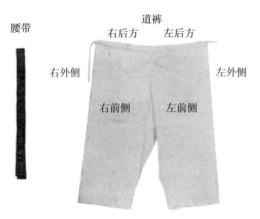

道裤

腰带　　　右后方　左后方

右外侧　　　　　　　左外侧

右前侧　　左前侧

段带颜色等级分类

初级组：
3 级以上 ……………………………… 紫罗兰色
3 级以下 ……………………………… 白色

初学者：　　　　　　　　　　　　浅蓝色

高级组：
4 – 5 级 ……………………………… 白色
1 – 3 级 ……………………………… 棕色
1 – 5 段 ……………………………… 黑色
6 – 8 段 ……………………………… 红白色
9 – 10 段 …………………………… 红色

概 述

历史发展

1. 历史及发展

可以肯定地说，人类力量的技艺和人类的诞生产自同一时代，而柔道则源于一些这样的技艺。但是，柔道烙上了最浓厚的日本特色，即崇尚纯粹理性和天真自然，这一点毫无疑问；它逐渐发展为完美的肢体技术，凭借其秀外慧中的特点，在全世界范围内被引以为傲。

这可以归结于主旨中的道德因素，以及柔道在日本的传统和文化中汲取的东西。

当然，古代的力量和今天的柔道之间有很大区别，但是当我们参阅《古事记》（Koji-Ki）时，我们了解到，古代的日本存在一种技艺，其目标不仅仅是凶残和骇人的搏斗，还包括通过彼此了解来成全肉体和精神力量。

《古事记》卷一中的一个神话故事有片段如下：

"建御雷和他的助手鸟之石楠船神奉天照大御神的神圣命令，前往出云海边的伊那，以十分严肃庄重之态度劝说武力占领日本的大国主神，要他将土地交给天照大神。大国主神表示效忠于他们，但他希望与他的两个儿子八重言代主神和建御名方神进行磋商。前者同意父亲的意见，并坚持认为应该交出土地给天照大神的儿子。而后者即建御名方神，手上举着一块大石头，说：'你是什么人？再也不要试图抗议我们对土地的占有权！来吧，让我们用武力来解决这个问题。'然后他走向建御名方神，后者站在那里一直十分坚定，毫不动摇。建御名方神于是道，'好吧，现在我告诉你我能做什么。'说着抓住建御名方神的手，迅速将他扔倒在地，如同扔掉一片芦苇。建御名方神随即逃跑了。"

这则故事中展示的态度、决心和力量给了柔道一些启示。

另一部分日本历史中记载，在帝人皇帝统治时期（公元前23年），当麻蹴速展示了一种摔跤。当时的摔跤是一种以死相拼的比赛，而当麻蹴速被认为是那个时代最杰出的摔跤手，为人傲慢无礼。但是，当他听从皇帝的命令与野见宿祢进行一场比赛时，他被击败。据说，野见宿祢正是柔道的创始人。

日本摔跤和柔道在起初并无甚分别，日本摔跤通过保持日本特色，开始逐渐带有专业技艺和表演色彩，而柔道则建立起了一种教育性的、合理的锻炼方式。

2. 技术的起源和规则的转折点

日本在统一并成为现代国家之前，已有了一二千年的历史，期间权力纷争使得武士前赴后继充当他们的武装。受军事的影响，各般武艺随之自然发展。

持武器战斗是由最终的近战决定的，在此种情况下，勇气和技巧愈显重要，从而使作为军事技术的柔术发展成为柔道。

柔术文献的编纂始于从德川时代，第一份关于类似柔术的记载见于 Judo-higakv-sho（柔道的重要史料）："格斗流行始于永正时代"。在永正时代（1504—1520），足利义满是后柏原天皇统治时期和室町时代末期的幕府将军，那时为内战时期，距今约 450 年。

接下来是由小具足著成《日本军事艺术简史》，其第 9 卷中描述道，小具足很早便产生了，而竹野内如今以武艺闻名。

这里，小具足代表体术、体道、柔术、和术，等等。它的另一个名字是柔之技，意思是竹内久盛在天文元年 6 月创立的竹内流派。在天文年间（1532—1554），足利义晴是 Gonara 皇帝治下的幕府将军。在那之后，柔术各分支的起源及其他要点按时间顺序排列如下。

《日本军事艺术简史》说："没有人知道荒木文学来自哪里，对他的行为也知之甚少。但他在逮捕罪犯方面的卓越技巧却十分有名。"《荒木学校重新开放》的序言表明"这所学校是在天神年间藤田秀义掌权时，藤田克己在天神时代创立的。"然而，藤原克己似乎是一个虚构的人物，《武装分支的发起人名单》中提到，荒木学校是由荒木文学发起的，因此荒木文学必定是该流派的创始人。学校成立的年份不得而知，估计是在织田丰臣时代（天正时代，1573—1579）。那是田岛皇帝统治时期，当时织田信长推翻了阿希卡拉斯，并由丰臣秀午继承。据《Dobogoyen》（书名），野村新町一世是当时著名柔术大师一桥的弟子。据说一世在宽延 15 年在岛原骚乱发生时，为要前去探望前线士兵的宫本武藏打气。

在同一本书中，还有一段说野村一世是柔道学校的创始人和柔术推广者，之前是一桥（Hitotsubashi Jokensai）的弟子，且曾在江户时代的新町（Shinmachi in Edo. Aawa Dochi）生活过。砂羽（Sawa Dochi），一世的弟子，也是 Juki 的一把好手，即柔术和气合（或催眠术）的结合，住在 Nichome，证明那时便有了 Juki 大师，且叫做"柔"的武艺普遍流行。在宽永时代（1624-1643），后水尾天皇及后来的妙声，德川家光统治时期，第三代德川幕府将军便是 Shogun。

《心神流柔术（Ju of Shin-shin Branch）》序言中的一段表示："从小我就渴望掌握这门艺术，然而并没有师父"以及"我曾经奉命前往东武藏，那儿有很多柔术者（Ju-men）"。这本名为"Ju of Shin-shin Branch"的书，是 Jushin 为纪念关口流派成立，于宽延八年五月份出版的。显然，在宽延时代附近，"Ju"广为流行。涉川三好（Shibukawa Bangoro Yoshikata），石川欠右门（Sekiguchi Hichirouemon）的资深弟子，关口流的第二代大师，创立了涩川学校艺术，当时许多新的柔术学校发布了柔术。

之后，一个名叫陈元赟的中国人在高智帝王统治的第二年（1659 年）到达日本，彼时的幕府将军是伊势月。陈元赟在关门十一年（1670 年）归化并去世，伊势月是第四代幕府将军。陈元赟在江户时（现在的东京），临时居住在麻布的国昌寺，有一天偶然向福野正夫、矾贝茨郎、三蒲义辰及其他人讲起了一种和"柔"类似的中国功夫的起源，这些人均为居住在此间宿舍的无主武士。受到这个故事的刺激，这三位武士设计了各种方法，特别是福野，他研究、设计并开创了一个新的流派，称为福野流，有时被称为良移心当流，并被保留在了三蒲义辰发起的三蒲流中。

起倒流来自福野流，由寺田勘右卫门创立。寺田的弟子河村孝修，和 Yoshimura 的弟子堀内自宅，均为著名的柔道家，尤其是堀内，他一生未婚，终身致力于推广柔术，并且其弟子，京都的 Tcradji Ichiemon 和江户的 Takino Yujryo 闻名于全日本。Hamano 在浅草寺的三筋町（Misuji-machi）设立了道场，门下弟子三千。在那之后，起倒流广为流传。

义已粟田在正德年间（1711-1715）出版了《日本武士史》（Honcho-Bugei-ShocIen），当时为第六代幕府将军德川家宣和第七代幕府将军德川家继治下。在该书第十卷中他写道："按照'拳击的秘诀'，现代的柔道就是武艺记载中的拳击，在过去被称作'Tebaku'。陈元赟，一个中国人，近几年将它传播到了日本，云云。"因而陈元赟据此说是柔术的鼻祖。

然而，自福野学校产生了很多流派，其中起倒流尤为流行，而它们为彰显权威性，均诱使广大民众相信每个分支的精髓都来自异国。然而当时这是错误、肤浅的想法，因为它们忽略了固有的事实和深层次的原因。关于柔术的界限，没有一个想法是固定的或明确的，我引用嘉纳治五郎大师的陈述如下：

训练如何转动脖子，扭动胳膊，或踢或推，有时被称为柔术，而单纯的投掷练习也被称为柔术。另外，身体技巧、身体攻击（atermi）、重要点攻击，则是柔道。小具足，或捕手、拳击、掌击和其他此类术语是柔术。但是小具足或捕手通常意味着训练如何逮捕，而身体技巧或者柔道通常意味着训练如何戴着防具格斗以对付抛摔。总而言之，柔术可以被定义为一种艺术或技术，用于赤手空拳或持有短兵器进攻，或者面对赤手空拳或持有武器的对手自卫。

在这里可以注意到，嘉纳大师所说的柔道（Judo）这个词，意味着该词在德川时代已经被使用，并且实际上是柔术（Jujutsu）的别名，逐渐过渡到今天的柔道，但与我们现在所指的完全不同。除了上面提到的那些之外，还有很多柔术学校，最知名的有杨心（Yoshin）、心身堂（Shin-shin-do）、Kyushin、唯我（Yuiga）、逮捕三（Teiho-san）、无双（Muso）、真心（Chokushin）、生后（Seigo）、欢心（Kanshin）、为势自得天真（Isei Jitotu Tenshin）、天神真杨（Tenshin Shinyo）学校以及其他流派。

3. 讲道馆的创建

通过明治维新，封建制度被废除，人们迎来所谓的"文明"。在明治早期，武术和旧习俗一样，由于其守旧和尴尬不再流行，仅仅通过著名的大师们得以保留。那时，福田八之助住在大圆町（日本）他曾在德川时代的武术研究所担任大师，还是平井真如学校的著名大师，但无法通过教授柔术谋生，只好以正骨作为职业。嘉纳治五郎在早年对柔术非常感兴趣，18岁时在福田门下学习了柔术。在福田去世后，他在石井政友门下继续学习和训练，后者在玉池有一个道场。在这里，嘉纳掌握了秘法。然而石井在明治十四年去世，于是嘉纳接受了起倒流学校大师饭洼的指导，并且在他身上学到了很多东西。起初在 Tenshin Shinyo 学校，身体攻击和折叠以及身体和手臂的搏斗被视为基础，起倒流学校的特色则是抛摔技术，而由嘉纳师父创立的讲道馆柔道，其技术的基础兼备上述两所学校之长。

嘉纳大师在明治年份毕业于东京帝国大学，但他并不满足于他通过柔术学习和训练所获得的全部，于明治十五年将他的居所搬到了下田的义阳寺，在那里他对柔术进行了大刀阔斧的改造，从中创立了柔道。

他开创了柔道，为武术增添了更广泛的道德文化，并教导年轻的弟子。事实上，这正是讲道馆的开端，当时嘉纳大师23岁。练习厅只是寺庙中一个10个垫子大小的房间，学员仅有9人。嘉纳大师之所以创作讲道馆柔道，是因为迄今存在的各个柔术学校和流派的武艺在许多方面有各自的特征和缺陷，并且它们的直接目标都仅仅是为了习得攻击和防卫之道。因此，他希望不仅使其成为一门武术，更要成为一种帮助身体和精神训练的手段，为教育、文化做出最有效的贡献。在永昌寺的训练厅很小，之后辗转于南神保町、神田，然后神三番町（Kami-nibancho）、Koji-machi，之后是富士见町、青菜町，再之后 Shimo-Tomizakacho、小石川，接着是 Sakahitamachi.Otsuka，直到昭和九年（1934 年）一月，在如今水道桥附近的讲道馆大厅（the Great Kodokan Hall）落成。在 50 年内，一个 10 席大的竞技场发展成为一个有着数十万名学员的巨大的 514 席大厅。此外，柔道似乎吸引全球人民，扩散至英国、美国、法国、德国、意大利、苏联等国家。战后，柔道的真正价值越来越受到赞赏，并成为日本文化最重要的元素之一。

　　"最有效地运用精神和体力的方法是恰当的柔道"是对讲道馆柔道一种简洁凝练的描述，其主旨是有效利用旨在共同繁荣的能量，或者更通俗地讲，是对"什么是柔道""Ju-no-michi"或"柔之道"的回答。"柔"的意思是"自然的"或换句话说"符合宇宙真谛和人类必须遵循之真理的自然之道"。同时，"柔"可能意味着"任何合理的、公正的、光荣的、相应高尚的东西：即真理、善良和美丽的实现。通过基于科学研究的技法训练获得技术，通过技术来展示柔道"。这也可以说是对真理的直接追求，这种追求体现意志力和体力完美相称的人类活动中。

含义解读

INTERPRTATION OF MEANING

第一章　绪言

第一节　柔道的含义

柔道起源于日本古代，通过发展和传承，到达如今的繁荣阶段，中间经历了几个世纪的变迁。

传统上，日本人从过去到现在一直忠诚于他们的前辈，珍视纯洁和正直，并始终铭记谦恭和礼节。他们喜爱大自然，性情温和慷慨，当他们按照正义行事时，却又勇敢而无畏。这些美德成为文学和军事所追求的精神，并与武士道或武士精神一起滋润成长。然而，这种精神并非只有武士具备，而是渗透到日本人的思想中，最终形成了日本人的国民特质：刻苦、勤勉和直率。

如上所述，柔道在日本的精神基础上得到了发展。当然，在其发展的早期阶段，并没有明确的名称，也没有记载内容的形式，但即使在《古事记》（Kojiki）出现的神话时代的传说中，它的存在也被证明是一种对手搏斗或共同完成的武术，其目的是在赤手空拳、没有任何武器的情况下尝试自己的力量。此后，在长时间的动乱中，通过肉搏战和其他真实且相关的搏斗的实际经验，柔道从其他战术中汲取优点，补己之短，同时坚持训练和努力，逐渐趋于完美。在德川时代前后，日本出现了几所学校，体系组织相当良好，后来发展成为柔技。然而在万济年间，如之前所述，中国人陈元赟来到江户，在麻布的国昌寺（江户时）住宿，向三位适逢寄住在该寺的浪人，即无主武士，传授了一门类似拳击的艺术的总体思想。彼时柔道正在兴起，陈元赟的这一课启迪了这三位浪人，并促使他们更好地设计和创造，这一点陈元赟居功甚伟。然而若是有任何支持陈元赟为柔道创始人的论调，那便仅仅是一种未经彻底调查的猜测，其根基是当时盛行的自卑思想和庸俗主义。自然，这样的声音会逐渐消失。相反地，柔道在纯日本的历史中建立了自己的传统。无论如何，在德川时代，作为众多武术之一，柔道取得了巨大进展，盛行于全国各地，每个学校或流派都为其建立了竞技场。因此，在柔道中，精神文化比技术更受尊重，在明治的最后十五年，嘉纳大师把所有流派整合并统一为日本讲道馆柔道，为柔道教学奠定了不可撼动的基础。

柔道的真正精神无非是温和而勤劳的自由精神，它深深扎根于日本人民的国民特质之中。真正的自由精神绝不是鲁莽的自负、专横或不讲理的固执，而是始终大胆地寻求并获得真理。在世界各国人民中，学习柔道技巧和精神的热忱甚为高亢，这一事实说明，前面所述的柔道的本质已受到广泛认可，而很多人也理解到了锻炼身体的崇高意义。

柔道纯粹是基于日本民族特征的文化产物。这里所说的日本是指共存于世界上的国家之一，日本人民则是指人类中的一员，与此同时，柔道亦被认为是全人类都可享受的文化产物。

自嘉纳大师创始之后，讲道馆柔道重视精神训练，缺少这一点，就不可能完整地习得技术，换句话说，柔道被认为是精神文化、体能训练和武术技艺的结合，而所有这些都对人类的自我完善及和谐共处有所裨益。但是，由于近期的战争，我们所说的"军事艺术"这个词语被极度曲解和回避，然而军事艺术的真正意义在于妥善自卫，所以从这个意义上讲它并不受到排斥。

即使在社区、国家和世界的整体发展中，也不应有任何违背柔道真理的东西：重视纯粹理性和增强技术。柔道由此发展到如今的局面。由于其在道德文化和体育锻炼方面颇有成效，柔道已经在日本国内得到高度评价，而其真正价值亦得到了世界范围的认可。所有这一切都归因于柔道具有自由和包容的本质，以及实际和具体的表现形式，这有助于人类的幸福及其和平发展，从而增加世界的福祉。

第二节　两个基础要素

柔道在发展的过程中，曾经有一段时期，仅仅是一种战胜对手的艺术，而在另一时期，体育文化意义更为重要，究其主旨，就是真诚对待人生。它的含义太过丰富，以至于简单的言语无法表达其内涵。

崇尚精神可以从道德和宗教层面解释，但是柔道的精神绝对站在公道的一方，与不公正相对立，所以它的技术必定遵循这一原则。公道意味着精神上和身体上良好的平衡，而不公正或不公道暗示着不平衡的事物。这很容易理解，所以当意念和这个道理一致时，你会心平气和，并可以自由地行动。因此，"柔"，亦即"不被任何事情阻碍"，就是要"宽容""平静"，那么自然地，迷路或做错事的人可以轻易地被"柔"宽恕或包容。

一种肤浅的想法是，柔道仅仅是个人的事情，因为它在两人之间进行。真正的柔道是理性的体现，而非仅仅是体力的展示。实际上，柔道的真谛与一点一致，为了将世界建设为和平美好的人类共同体，任何不公正都不应该被采纳。

柔道的这种崇高精神蕴含于其纯粹而坚定的特质之中，因为它的法则只能通过不断的、自我毁灭般的努力确立——换句话说，在酷暑和寒冬时节持续的艰苦练习才能掌握。

除了体育锻炼之外，柔道训练只能靠努力、毅力和谦逊来完成。柔道者的头脑应该是纯粹的，因此年长者的优秀技巧和崇高人格激发了后辈的野心，使得他们可以完善自身；因此可以理解，柔道的精神文化与体育训练相结合是可行的。

柔道的真谛可以被认为是一种宗教方面的暗示，而将柔道精神应用于日常生活中，可以说是相当有益的。

柔道技术的训练能产生强健的体格，使受训者身体和四肢运动轻松自如，同时使他们了解真理和行走的正途，因此，柔道带给了受训者身体和精神文化。

第三节　习得柔道的关键

柔术和柔道的区别不仅是在用词中，而且是在概念上。在相当古老的时代，柔术就作为术语和 Kenjutsu（剑术）、Sojutsu（矛术）和 Kyujutsu（弓箭术）一起被使用。由于"术"的意思是"艺术或技能"，这个词依次意味着研究如何杀死对手，如何让对手失去攻击力，或如何保卫自己并争取胜利。这些研究在德川时代取得进展，当时军事艺术盛行，柔术同样也有许多流派诞生。

当然，训练和习得技术与技巧是最重要的事情之一，这个道理同样适用于柔道，然而其作为现代体育，还应当伴随着体育精神。因此，柔术由嘉纳大师发展成为柔道，这是一个巨大的划时代的进步。

柔道蕴含着柔术中的道德伦理，所以它具有柔术道德的一面，从技术或技巧的训练开始，柔道应要求受训者习得适用于日常生活的精神文化。

若受训者是柔道道德规范的信徒，他应该像前面所述一样生活和行动。如果他轻视或违背了柔道的原则，无论他的技术和技巧有多么高超，他均会亵渎柔道道德的一面，相应地亦将承担自身错误的后果。

将柔道视为对身体的锻炼和对力量、技巧的训练是错误的。在外部看来，它或许是双方的肉体搏斗，然而实际上，它无时无刻不在实现真理的原则，这些原则来自运用精神力量及控制双方力量所创造的物理规律。因此，仅凭体力或技巧获胜，被认为是柔道不成熟的阶段。

柔道将会不受限制发展，并且任何技艺的完善都不会受到任何限制。在受训者中，有些人希望掌握自己最喜欢的技巧，深入参与并努力加快训练，但这样就如同在一跃之间过完人生；教练应该缓慢、稳定地把握柔道的准则和技艺。

受训者畏惧对手的体格或擅长的技艺时，可能会比较小心翼翼，之后显露出精神和肉体的僵硬。他应当保持坦率，不要害怕或轻视对手，并尽其最大努力战斗。这不仅适用于柔道，也适用于其他任何艺术或才能的完善。

第二章　三个基本要素

第一节　与自然同在的理由

柔道的真正特点是通过理性展现正义，最重要的是，不做无理由之事。

举例来说，一个人的行动如果缺乏身心的统一，可能是不道德的，并会对他周围的人造成伤害。这种身心的统一创造了体现于外在的理性。

天地的进化是按照统一的法则进行的，这种规律符合自然之道。自然的存在没有意志；与存在一致，自然不违背忠诚。

柔道的准则建立于自然法则之上，这表明它符合自然之道。然而，柔道由思考、判断和行动的人进行，柔道与动作同时发生。这是它与自然唯一的区别。毕竟，柔道动作必须与自然的本质一致，并且必须在其中表达真理。

这里，我们再次认识到，柔道技术不是单纯的搏斗艺术，而是冰清玉洁一般的纯粹，至于技艺则不过是人动作的表达，是柔道艺术中的最纯粹的一部分。因此，真诚必定是唯一能够掌握柔道技艺的途径。

如果一个人不是诚心练习技艺，他可能被认为是全然无知的，而如果他向对手施加不公平的伎俩并击败他，那么他是一个懦夫，如果这种怯懦持续下去，其行为应该被称为不道德的，不能被真诚所容忍。

人类社会也是如此，每个人都应该时常思考社会的存在和共同繁荣，并从中找到自己的幸福和有价值的生活。如果他缺乏合作的忠诚度，并且过多考虑自己的利益而忽视他人的利益，他将陷入严重的困境；柔道从不承认这种不公正和非道德，社会亦鄙视这样的情况。在柔道比赛中，参赛者以公平竞赛的方式获胜，并让见证比赛的人们确认是否公平。社会进步与此有一些共通之处，即，柔道准则暗示了共同繁荣的实际理念。

柔道遵从正义之道，绝不是单纯的搏斗手段。这实际上是从柔术到柔道的转折点，是柔道的启蒙。柔道的本质就是遵循天意。

第二节　柔道比赛

在柔道比赛中，参与者应该态度严肃，这种态度应该是面对死亡或生命的严肃态度，而不意味着任何野蛮和血腥。芭蕉是生活在二百年前的最伟大的俳句（或十七音节诗）诗人，当他在旅行途中一个破旧的乡间小旅馆去世时，照看他的门徒们请求他留下一首告别诗。而他告诉他们，他在生命中创作的每一首诗都可以被视作告别诗，所以新的或特殊的告别诗并无必要。他的这种思想态度表明他是如此严肃地写作诗歌。在柔道比赛中也是如此。参与者应当秉持这种态度。当然，这并不意味着参与者应该准备好殉命或轻视生命，但是他们应当尽自己最大的努力，而不应在意比赛的结果。

如上所述，柔道通过理性来实现真理，这由艺术或运动员表达出来。之后，当两人处于令人满意的状态时，方有可能进行比赛，即：临死不惧死，于生不念生。事实上，正如芭蕉面对死亡的状态一样，每场比赛都不应该留下遗憾。因此，讲道馆柔道的定义之一清楚地表明，参与者应当竭尽全力，如果他的思想态度或决心中缺少任何东西，他就会是一个懦夫或心怀不轨之人。被击败的一方会认识到自身的弱点并进一步求索，而胜利者则会更好地提升自己的技艺，同时继续积累精神财富。

第三节　柔道是真理的体现

在解释柔道时，我们经常说"以柔克刚"〔因为"柔"或柔之技（Yawara）意味着柔和〕：柔道展示由温和而有弹性的身体和精神力量创造的自由心理状态，这使得运动员在紧急情况下能够按照时机和场合的要求变换位置，采取行动或躲避危险。

在柔道中，选手不是通过利用对手的势头或力量来赢得胜利，而是在不消耗多余体力的情况下使对手的力量变为无用功，从而使自己获胜。这是对能量的最佳利用，可以用最弱的体力击败最强的力量。

被沉重的岩石碾压的野草，在新鲜空气、阳光和雨露的帮助下，或许可以缓慢温和地生长。岩石由于暴露于自然以及风化作用，往往会破损龟裂。生命是在温柔中生长的顽强力量。这一事实有可能被认为与人生密切相关。与此同时，温柔有时在极大的压力下，具有战胜刚强的力量。

当然，强者自强，弱者自弱。但是，当强者变得刚硬时，他们容易无法快速运动或精确地使用力量，这导致其身体重心可以轻易地被控制和击倒。这证明胜负不总是取决于力量的强弱，而是符合经科学认可的自然法则，体现了永恒发展的"生命之力"。

"对力量和能量的良好利用是柔道的要旨"，此为一则针对讲道馆柔道屡试不爽的建议。换句话说，"以最少的力量赢得最好的结果，是能量的最佳展现。"

然而，必须记住的是，通过避开对手的力道，且单纯使用自身的力量来取胜，这样的胜利平庸且没有价值。柔道的真正目的不仅仅是赢得胜利，而是"体现柔道中蕴含的真理"，或者简而言之，柔道的目的是迅速捕捉和利用对手身体尚未但将要发出的力量（亦即"听劲"）的动作中出现的运动趋势。

第三章　柔道动作的奥秘

第一节　概述

柔道的本质是保持身体重心。物体的倾倒实际上是由于无法维持平衡状态，因此容易失去平衡的形式可以称为"不稳定"。例如，在Tachiwaza（站立技）中，最重要的是如何保持平衡，并让对手失去平衡。然而，进一步的分析研究可以告诉你，两个扭打在一起的身体的重心位置在何处，以及由此将产生朝向哪里的运动。

牢固保持中心的盘旋运动在俯视时为圆形，而在立体地观看时为球形。球是一切物体中最完美的形状，而且在精神意象中，其极高的圆润程度也是优越性的体现。

柔道的目的存在于自然展现的无限真诚中，并且和真理、心灵和身体一样。这是自然界的普遍生命。自然界中的一切都保持或努力保持稳定的运动，作为其中之一的人类也不例外。但是，具有思考、判断、选择和行动能力的人，寻求心理和自然规律方面的稳定。

然而，物体的重心或形体的中心不会事先存在，而是在物体或形体被固定的时候才确定。所以，直觉或本质特征正来自于此。在持续变化的精神意象和物理现象中穿行的人将不断修炼，以防止由于从经验中获得的习惯而几乎无意识地失去生活中的"中心"。

柔道可以说是针对上述文化的最佳体育训练，因为其秘诀在于在迅捷单纯的头脑和自由流畅的身体动作之中，找到快速适应变化的稳定性（stability）。

柔道的独特之处在于，在比赛中不抱有任何预期或准备的态度。在比赛进行时，确定重心的瞬间，便是运用保持稳定的技巧之时。

一个优秀的柔道人很清楚上述情况，他从不预料自己在比赛中的行为，但他的头脑如明镜一般聪慧，这使得他能够精确地预见到将要发生的任何事情，并表现出身体的自由以应对任何变数。这种精神状态和身体动作被称为"Sei"或宁静，"Do"或行动，有时被称为"柔和刚"或"柔弱与刚强"，"阴和阳"或"消极与积极"，等等。这些精神特征似乎通过相互反应和相互作用得以展现，而由于优势导致的失衡，则会引起动作的不稳定。

在比赛中，如果选手想用某种技术来试探对手，他的想法被后者发现，那么将导致他的失败。这是因为他的想法固定在一个点上，这阻碍了他的自由行动。阅读对手的心智适用于这种情况：一名运动员应抓住实施动作的机会，使结果不留遗憾。

要记住，以自我为中心的心态是不被允许的，但平衡和存在是由上述保持的：理解自然之道将为柔道动作提供基础，这是柔道的奥秘。

第二节　五个基本要点

到这里我们已经解释了柔道的品质和理论，然而它还伴随着实用技巧，且只有当将精神和实际武力融为一体时，柔道技艺才能被恰当地展示出来。下面对其精髓进行简要介绍。

柔道技术的基本准则

1. 心灵和身体的柔韧胜过坚硬刚强

引文 正文的第一章第一节："柔道的真正精神正是温和而勤奋的自由精神，它深深扎根于日本人民的国民特质之中。十分自由之精神完全不同于鲁莽的自负或自私，并且它必须是对真理的获取，而不是主观的非理性的固执。"

说明 正如通篇解释的一样，柔道的要旨在于身心的柔韧。然而，"柔韧"这个词从来不意味着软弱，其真正含义类似于自由的开阔性和适应性。柔道的要旨在于发现人类不断发展的天性中的原始特征，并体现思想或行动的真正自由。

2. 在至劣的处境中展现至强之生命力

引文 第二章第三节中提道："柔道的特色是，它通过随心而柔韧的精神和身体状态达到自由，从而可以轻松地化解危机，并允许你根据时机和地点前后腾挪，由此可通过多种技艺根除危机。"

说明 危险的出现往往是不可预见的，在这种情况下，最糟糕的困境就会显现出来。在这种情况下，柔道应该表现出其最重要的意义：柔道擅长在最糟糕的处境下，迅速捕捉对手疏于防守之处，或瞬间变换自身位置以使对手无法进攻，并轻松地压制他。

3. 粗心大意等于缺乏固定的准则

引文 在第二章第二节中："充分利用能量是讲道馆柔道的定义之一，亦即柔道的要旨，而如果你缺乏遵守此规则的热情并且忽视诚意，你会后悔并且为此感到羞耻。"

说明 如第二节所述，快速转变劣势至优势，可以利用有备的机智和微妙的技巧，但不允许一丝的疏忽大意。然而，片面的过度筹谋导致的灵活性缺乏，会使人疏于谨慎，从而造成意外的失败。在任何情况下，都应该保持冷静和适应能力。

4. 不拘于固定之法，但保持无我之态

引文 在第二章第二节中："一场比赛应该是运动员精神准备和灵活性的展示。真正的自我不依靠野蛮的勇气驱使，而是源于自我察觉。这是不念生死的心态。"

说明 在练习技巧时，你不能依赖于任何事物。真正的勇气会由于对预期或自身力量的依赖，对得失的考量，或自身的状况而丧失。而对随时会露出马脚的顾虑将造成意想不到的遗憾。当然，如果不畏惧更为强大的对手，而保持无我的纯真之心，你的活动就不会被任何事物阻碍，展现出无穷的变化或适应性。

5. 从不忽视细节但保持信心

引文1 在第二章第一节中："柔道中的纯净是基于真诚的思想，这一点表现在技法中；即，对人类行为的表达。因此，技艺是柔道行为中最纯粹的部分及对柔道主旨的证明。"

引文2 在第一章第三节中："认为柔道只是对身体的反抗和对技艺的训练是错误的。从外部看起来，它似乎是两个人之间的一对一搏斗，但实际上，它是两具躯体的精神力量的呈现，并且与二者力量结合产生的运动的规律相一致，展现了符合时机和实际情况的真理。"

说明 若精神由于某件事情而松弛，无论事情大小，都会导致失败。这与畏惧对手而无法使出全力是一样的。实施技巧时最宜毫不迟疑。相反，如果你急于赢得比赛，你将无法掌握当下的真相。真相是一个变数，它不是计划好的，但却存在于自然界之中。应当理解的是，每个人都始终和真相同在：你的真诚将使你不费力气便能得到它。

第三节　七个预备概念

为掌握一个实际的技巧，首先应学习精神文化。技巧的获得是通过思维的培养来实现的，尤其是谨慎、谦虚、不吝啬、自由和专注的思想。换句话说，一名运动员应该尽自己最大的努力，别无其他。上述内容用以下七点来阐释。

1. 思想上无纰漏

你的纰漏会给对手攻击你的机会。一项技术在瞬间就要决定，动作应当明确精准，不留下任何余地。

2. 不要丧失自信

事实上，这是以上第一点的另一种说法：施展技巧的机会稍纵即逝，所以不要犹豫。

3. 调整你的姿势

柔道的姿势应当很自然，故而应避免矫饰或伪装。生活的本质在真理之中。自然是永恒不变的，因为真理是无处不在的，而如果一个人能够从中找到自己，他就能够极为自由地行动。

4. 保持灵活敏捷

重心随着身体的运动而移动。由于重心是保持稳定的重中之重，所以如果失去重心，身体自然不平衡。因此，一定要集中注意力，轻巧地保持平衡，并在需要时迅速移动，紧接着便稳定重心，不给对手任何机会。

5. 无限运用你的力量

将坚定不移的力量和最快速度的身体移动相结合，是应当始终被采用的方法。然而，在一件事情上全力以赴并不意味着一项技艺的结束。它的"结束"是"停止"。要知道，所谓的静和动、柔与刚，不过是无尽的重复过程，真理就蕴于其中。在这种理念下，你必须展现无限的生命能量。

6. 不要停止训练

上述训练方式无法在短期内完成。既然掌握技艺需要依靠精神的支持，那么日常的训练不容忽视。将你的日常所悟作为进阶的第一步，心怀光明的希望，你将能够获得新鲜和不朽的生活。

7. 自我培养

坚持"自我"的想法只会使你画地为牢，进而失去自由。如果你面对事情时可以做到忘我，就一定能够判断和理解真相，并且在比赛中，可以发现对手的弱点并轻松地控制住他。尽管上述可能看起来像是一个含糊的推想，但当你欣赏这个想法时，它便是你第一阶段培训的终点，同时也是迎来无限发展机会的起点。

第四节 技巧

本节对柔道技术的本质进行了论述，其技巧和方法将在之后具体解释。

1. 身体运动

这里的身体运动指的是身体的基本运动，它构成姿势和平衡运动的规范，且应该在日常训练中训练和习得。而且，学员应该尤其细致地学习如何轻巧和敏捷地移动身体，以及如何在需要时加以运用。

各种运动的方式并不是特别设计出来的，而是自然的形式，因此，尽管它们看起来毫无特色，然而必须明白，这其中普遍存在着深意。

这里的身体运动并未表明技艺的形式，但它将会通过发展变得精妙：它的本质在于静心。

2. 适应能力

适应能力意味着，施展技艺的最好时机是有人接近之时，并且你的精神状态应该是充沛的，当精神松弛时，你一定会被打败。

面对对手时，你应该总是站在他的面前，但是，这并不意味着你赤裸地暴露在他的攻势之下，相反，你应该迅速避开他的攻击并将自己置于一个安全的位置：这称为"Hen"，即位置变换。当然，你要非常快，否则便无法做到。一旦你改变了位置，立即找到他由于你姿势的改变而疏于防守的点，使用你的技艺来击败他。这便是"Oh"，即返回。

身体的运动和适应能力在的鲜活的生活以及防守和攻击里均得以展现，化劣势为优势。二者可以被认为是一体的，而事实上，这在柔道的秘技中很普遍。

技巧训练前的提示

HINTS BEFORE TRAINING TRICKS

专题 | **技巧训练前的提示**

第一章　敬礼的精髓

敬礼是为了表现出爱与尊重的精神。良好的举止可以美化人的生活，社会生活也将按照秩序进行。

为了增进生活的愉悦，柔道在训练技艺和技巧时，以敬礼作为开场和收尾。

有两种敬礼方式：一种是坐着，另一种是站立。

第一节　正确的坐姿

首先，解释正确的坐下方式。

如图 2 所示，两个大脚趾并列，其中一个几乎叠在另一个上面。两膝之间留两个拳头的距离；身体保持直立，双手轻轻放在大腿上，然后彼此面对面。在这种姿势下，力量自然集中在小腹部，并且为肢体做出正确的动作创造了平衡公正的精神状态。

第二节　坐式敬礼

按照以上的姿势，如图 5 和图 6 所示，双手放在膝盖前端（关节使其边缘和指尖略微下垂），此即正确的方式。但是，在从站立姿势转换到坐式敬礼时，你和对手之间的距离约为一米半。以自然和正确的姿势，将你的膝盖依次放在垫子上，以便膝盖感受到脚后跟，脚趾竖起，大脚趾叠在一起。然后上半身弯曲，双手放在垫子上，如图3和图4所示。

第三节　站式敬礼

图7和图8展示了站式敬礼（相距约2米）。注视着对手的眼睛，上半身以自然体鞠躬（约30度）。

* 自然体参见下文。

自然体

第二章　体式

体式分为自然体（shizentai）和自护体（jigotai），它们又下分为6种：

（自然体）
第一节　正自然体

自然且适当的体式是最基本和最重要的，并且，如图1所示，它是一种合理且轻松的姿势，是人体自然的展现。

详细解释即，双脚分开，肩膀、膝关节和腰部不紧绷。在这种姿势下，你的头脑放空，并且准备好自由地移动位置，这种姿势衍生出许多种姿势。

Natural Posture (*Shizentai*)	Natural Proper-Posture (*Shizen Hontai*)
	Right-side Natural Posture (*Migi Shizentai*)
	Left-side Natural Posture (*Hidari Shizentai*)
Self-defense Posture (*Jigotai*)	Fundamental Self defence Posture (*Jigo Hontai*)
	Right-side Self-defence Posture (*Migi Jigotai*)
	Left-side Self-defence Posture (*Hidari Jigotai*)

第二节　右自然体

右自然体即如图 2 所示站立，右脚向前一步或左脚向后一步，将身体略向后倾保持重心。在这种姿势下，用左手抓住对手的右衣袖的中部，并用右手抓住其左衣领。

第三节　左自然体

这是一种体式，如图 2 所示，您的左脚向前一步或右脚向后一步，并稍向后倾平衡中心。

上述的非对称姿势分别称为右体式和左体式。

为了赢得自由对摔的胜利，你应该尽可能多地变换姿势。

换句话说，一时如蝴蝶一般轻盈地攻击对手的弱点，一时又像磐石一样牢固地占据有利位置，克服不利位置。

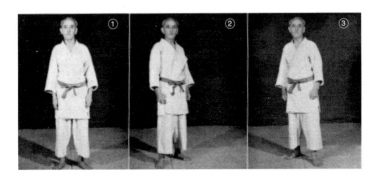

出于这个原因，正确采取自卫姿势也是必不可少的。如果对手通过抬举破坏（float-and-break）你的平衡，你必须比他更多地降低重心来保护自己。 此外，在其他技巧中，你通过降低重心并推动压制（push-crush）对手以施展寝技，或进行挑战性的尝试，或者在自卫姿势时做出瞬间的反应，或基于防御姿势采用众多反抗对手的技术。

这种姿势表现了非自然的平衡，因此你不能长时间地保持身体，因此动作的改变违背你的意愿。即使仅为锻炼身心，这也是不可取的。

自护体式有两种情况：一种是通过防御对手的攻击来确保自身稳定，另一种是通过破坏对手的平衡获胜来取胜。

（自护体）

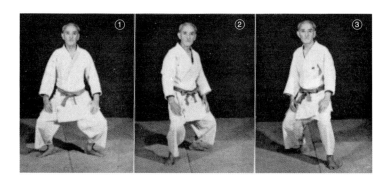

第一节　正自护体（平架）

正自护体如图 1 所示，两膝分开并弯曲，腰部下沉。

警告：尽管此姿势很稳定，但正面和背面均有弱点暴露，因此除了特殊情况外不经常使用。

第二节　右自护体（右架）

这是在正自护体的基础上，右脚向前一步或左脚向后一步而形成的右体式。

第三节　左自护体（左架）

这是在正自护体的基础上，左脚向前一步或右脚向后一步而形成的体式。

第三章　预备和收尾训练

预备和收尾的身体练习对任何运动都是不可或缺的。特别是在柔道中，肌肉和关节需要适应由静到动的快速变化。

这里只给出部分训练内容。你应当训练身体直到确信自己可以应对对手的任何动作。尤其是颈部，手、脚和腰部的关节，以及平时不动用的背部和腹部的肌肉，必须要活动。

预备训练

（1），（2），（3）&（4）弯曲和伸展手臂。

（5）&（6）在手臂弯曲的姿势下转动左侧和右侧。

（7），（8）&（9）向前跳跃（膝关节和弹跳的训练）

（10）上半身弯曲。

（11）&（12）转动上半身的右侧和左侧。

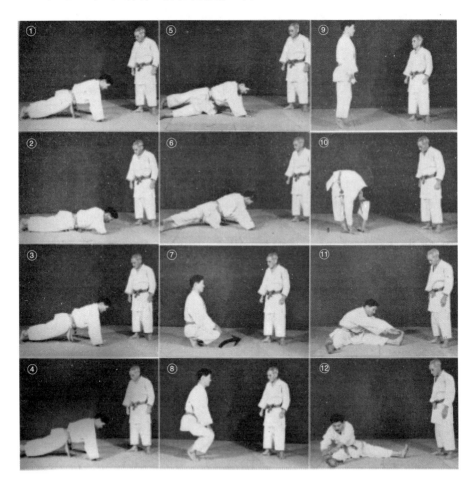

（13）&（14）出足扫练习（不断喊出"一，二"，注意双手与脚同步）

（15），（16）&（17）背部旋转。

（18）&（19）爬行运动。

（20）&（21）背部弯曲和拉伸。

（22）在背部弯曲和拉伸的状态下扭动身体的下半部分。

（23）坐式弯曲和拉伸。

収尾训练

（24）&（25）左右拉伸躯干。

（26）弯曲躯干。

（27）&（28）深呼吸。

如何练习受身（Ukemi）

自由式练习对技巧至关重要。在自由式练习中，最重要的是，切记在任何情况下都不要受伤。这种思想准备被称为身体保护技术或受身。

这种保护性技术若使用得当，可以保护你免受由于关节损伤意外跌倒而引发的头部撞击，并且不会感到疼痛。没有恐惧，练习便可以继续愉快地进行。

不论是否学习柔道，均应掌握身体保护技术。例如，当我们在日常生活中失去平衡或者滑倒时，这种技术可以帮助你避免任何可能的伤害。以下图片展示了各种身体保护方法。

以上五幅图片依次展示了背侧受身练习。

以上图片展示了前滚翻受身练习。

以上五幅照片展示了背摔受身。

图 6 展示了右侧受身。图 7 展示了左侧受身。

图 2 是受身练习的一个反面例子。

当学习者跌倒时，他看向地板垫而不是他的手指尖。

第四章　破势的含义

破势是诱使对手达到不稳定的姿势，无法实施各种行动。用投技的例子来解释，即令对手难以保持平衡。在投技和寝技中，破势是技术的关键。

第一节　破势的方法和预备概念

在很多情况下，对手会试图在你的干扰力下保持稳定。例如，当你处于右自然体，并试图将对手击倒在右前方时，他将重心后移以防被击倒。此时，你利用他反抗的力道，尝试将其举起并打破其姿势。或者你必须采取如下方式，即朝他的右足跨一步，或在他的左足靠近之时，拉扯并举起他。

简而言之，当对手继续按照你的想法走，向你逼近或试图拉扯你时，你顺势将他摔倒，十分重要。

第二节　破势的实际训练

正面破势

在自然体式下，将对手向前拉动，以使其重量压在脚尖上，并使其处于不稳定状态（图2）。

背面破势

与正面破势相反，使对手的重量压在脚后跟上，以使其脚尖翘起。（图3）。

右前方破势

对手的重量置于右脚的小脚趾上，左腿随即被抬起。（图4）

左前方破势

对手的重量置于左脚的小脚趾上，右腿随即被抬起。（图5）

右后方破势

对手的重量被转移到右脚跟的外侧上，左腿无法使力。（图6）

左后方破势

对手的重量被转移到左脚跟的外侧上，右腿无法使力。（图7）

右侧破势

对手的重量压在右脚的外侧上，左腿被抬起。

左侧破势

由于右脚无法使力导致的不稳定。

该侧的破势很难掌握。因此，在学习这项技术之前，须练习一种与此最为相近的方式，例如，右前方破势。

若能够掌握此破势，则可以有效地使用诸如横四方固（侧倾技术）、体落、大车、跳腰等技术，后文会讲解这些技术。

第五章　自由对摔的含义

运动员不应轻视自由练习。只有当面对你的对手时，你才能动摇他的精神，破解他的各种姿势，并轮流使用技巧和真正的技术来展现精湛的技艺。你和对手之间的差距不是来自别的，而正是日常努力和训练积累的结果。这是掌握"道""忍术"，或者说技术的关键。自由练习的重要性将会得到更多的认可。

在自由练习中，最必须和重要的就是取得胜利，同时展现有意的、连续的变化，例如，展示一些可以方便地使用其他技术的姿势，或者为了使用其他技术而改变姿势。

第六章　形的含义

形即在先前的攻防双方同意下表达胜利和失败的方式，其意义在于在正确的技术实践基础上培育严肃的精神。

第七章　精通的要素

我们经常听到运动员说，一定要在正确的状态下击败对手，或者能够击败对手是自己姿势正确的缘故。但依照我的经验，正确的说法或许应为，我们应当在击倒对手的那一刻改变姿势并恢复正确的状态。日本谚语云"不入虎穴焉得虎子""无投资则无收益"，或"冒险赌上一切，将会得到一切"。怀揣这样的态度和思想，你应在看到可乘之机时，闪电般地迅速进攻。这样你的心灵便与身体完美和谐，得以领略神圣的奥秘。

第八章　"取位"和"施术"

手、足和腰部同步

取位是指打破对手的平衡重心，诱使其形成不稳定的姿势。施术是把你编制的技术应用在对手的姿势上。

此外，形（form）的意思是将自己摆成一种姿势，该姿势有利于在对手平衡被破坏时对其施用一种技术。

提到暂时的意志和连续的动作，你可能会认为手、脚和腰连续依次行动，但从根本上说，取位随时进行着施术。此外，不应该忘记，手、足、腰部运动的同步和高度一致最为重要。

第九章　运用技术的时机和方法

自然，你应该在对手的形展露出破绽时应用技巧，但更重要的是，在破势的同时快速读取对手的意图，并且在他露出破绽之前施用技术。因为你和对方交手的时刻，正是他的姿势有破绽之时。之后对手变招乏术，因为情势容不得取位和施术之间留有片刻间隔。

在与对手的实际自由练习中，为引诱对手依据你的动作而采取行动，并行破势（break-down）和取位，破势和取位十分重要。一成不变的姿势易被偷袭。

第十章　博弈论

当一名运动员将另一名运动员击打至完全输掉搏斗时，柔道的胜负便已决出，而这场搏斗应当基于严肃性。由于其严肃性，运动员会采用能够想象到的最优的方法和途径，自然能够培养出严肃的思想。

自由练习中的裁判规则从严肃性的角度决定胜利和失败。例如，以下投掷技术将决定一个运动员失败：当他被以相当大的力量背部着地摔下时；当他因颈锁技术而跌倒处于窒息状态时；当他的关节由于反向技术而扭伤或脱臼时；当他承认投降或者完全失败时。

我们担心紧握压制技术（固技）缺乏严肃性，但毫无疑问，这是比赛中通往严肃性的一个步骤。

舍身技（关键部分攻击技巧）是最严肃的技术之一，你可以通过用拳头、脚肘、膝盖骨，或者手掌侧、肩膀或头，来踢、刺或击中对手的关键部位以使其昏倒或窒息，从而获得胜利。

专题 | **五大准则**

准则一

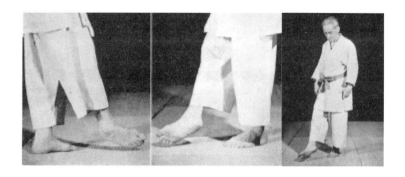

1. Deashibarai 出足扫

• 要领

出足扫是通过扫动对手迈出的脚，将其掷倒。更具体地说明即，你去引导他，使得他可能不得不踏上你应用此技术的地方。或者是在他为改变位置或打破你的平衡而固定迈出脚之前，立即扫足将其掷倒。

• 练习（见对页右侧的截图）

当你和对手以右自然体握拳时（图1），你用双手诱导他的平衡向左后方倾斜，使其右足上前（图2），然后如许多情况当中那样，当他再次试图上前时，令其右足稍稍后退，如图3。此时，你转控制手为牵拉手，然后将右足退回并向左足后方打开，从而使你的身体向右转，同时诱使对手将其右脚从其之前的位置稍微向右推进。然后，用你抓着衣领的右手使力推倒对手，并用左手画一条弧线将他拉到其右后角。正如上文提示中所解释的，于此瞬间，用左足弓沿侧直线扫他的右脚脚跟后部（图4）。

在另一种情况下，当你通过撤回右足引诱他迈上左足，以便你可以稍微右转时，他会抬起右脚。此时，充分利用你的牵引力，使他迈的步子大于预期，接着当其重心位于迈出脚时，利用上述技巧扫其右足。

• 要领

应当注意的是，你必须在对手的重心位于其前脚时扫过他的脚。

当你撤回的脚分立于另一只脚后之时，便是他的前脚就位的时刻，此瞬间你应已经扫过。

右边的照片展示了当对手被迫前进一步并且其平衡即将稳定时，你正扫过其腿部。如图所示，最重要的是让你的右脚离左脚更近，因为这样做会使左脚运动更灵活，且更加有力度。

• 注意

对手的脚被扫过的方向是他迈出脚的足尖所指向的方向。然而，在某些情况下，向其脚内侧倾斜扫亦有效。

如果你先让他左脚前进，通过控制身体和牵拉手的动作让他的左脚向前迈步，那么你的右脚会到达左脚后面的位置。在应用这种技术时，诱导你的对手是很重要的，这样这个技巧就可以用来进行取位和破势。

• 备注

如果对手采取进攻，并将其右脚迈到你的右脚附近，以便向你施加某种技术，那么你则与上述情况一样，将右脚收回至左侧后方，并用左脚直线扫他的脚，同时控制你的身体如向右转一般。如果你处于右体式，而你的对手为左体式，或者反过来，你有很多机会可以有利地应用这种技术。例如，假设对手处于左体式而你相反，则你向前扫动他被引诱上前的左脚，同时将你的左脚稍微向右移动。

2. Hizaguruma 膝车

• 主旨

抱住对手的颈部，同时臀部远离对手的身体，以将其扔倒，就如同转动水磨一样。

• 练习

当你和对手以正确的自然姿势握拳时，通过将他引导到右侧（参见左侧图 1）以倾斜其平衡，并用左手抬举、牵引其右袖。在同一个例子中，用右手搂住其颈部，右脚迈出超过其右脚（脚的方向部分偏向左侧），左脚必须在其右脚的内侧，因为要使他的脚跟你的方向一致。将你的腰部尽可能地下降，远离他的身体；你的后腰与他的右侧腹部靠得很近；使用扳住的手的力量和牵拉的左手的力量。由此，用一个摆动力将对手扔倒在正前方（左图 1-2）。

同样，这种技术适用于对手的自护体，左侧和右侧均适用。在此情况下，挥动对手的身体，使他在你的右脚在其右脚内侧，且离你的左脚距离很近的情况下，被迫用两脚尖保持稳定。然后，降低腰部旋转，使得由内圆的动态支点不能按照外圆的方向旋转。之后将他放倒，姿势如同拥抱他（右图 1-2）。

当你和对手处于自然体，并且你试图在右前角击倒他时，对手的左脚将会上前以保持稳定。这种姿势会为你提供一个应用上述技巧的机会。在这种情况下，对手容易利用惯性做出逆向动作，所以要注意迅速运用牵拉和扳住的手。

• 要领

利用好你扳住对方颈部的手以及牵引的手，然后将你的后腋下靠近他的前腋下，将你的腰部深深地下沉。

---

3. Ukigoshi 浮腰

• 要点

这项技术揭示了两物体中心重叠时将会发生的一种物理现象。换言之，该技术非常适合用在当你利用扭腰将对手摔倒的时候，亦即当你的背部（后腰）接触对手的腹部和胸膛之时。

• 练习

通过自由练习讲解该技术：你与对手以右自然体格斗，当你引诱对方滑至你的右前方时，对方担心失去平衡，将左足踏在你右足的外侧，如图 1。此时顺其势，用右手牵拉迫使对方弯曲身体，并诱使其重心移至左足。与此同时，你绕至左边，此举将导致你的左足略向右撤（图 2）；右足稍稍后撤，左肩微沉，将右手搭在对方后腰带上，使其身体悬空（图 3）。这时，将你的左足并靠在对方左足内侧，当你的腰部触及其腹部时，转动右腰将其向前摔倒。在此过程中，左手应一直抓着对手的衣袖，手肘撤向左后方。

• 要领

这项技术只有通过扭动腰部才能最好地施展出来。应用该技术的最好时机，是对手用拳头或某种武器对你进行攻击之时。

• 注意

伸出右手时不要抓住对手的腰带。腰部扭动和手部动作的流畅连贯非常重要。摔倒对手时，膝关节应充分伸展，身体必须挺直。

• 备注

在自由式比赛中，对手往往用左手或右手抓住你的后领，衣领敞开向你逼近。在这种情况下，很容易应用该技术，通过上述方法将其摔倒。

4. Sasaetsurikomiashi 支钓込足

• 要领

该技巧适用于对手刚跌倒时：用脚掌控制住他一条腿的侧底部，然后通过他的上身把他摔倒。

• 练习

如果你和对手都处于正确的自然姿势，你将他抬起并移到右前方，他将无法保持姿势稳定，会向前滑动他的右脚尖或右脚（图2），你也可以抬起并移动前进的对手，注意不要松懈抬起和移动的动作，同时，右脚向后一点，打破他向右前方前进的平衡（图3）。然后，左脚尖使力，在前方几英寸的位置用足弓支撑右脚外踝，并用左手伸直腰部，把他向右后方拉倒（图4）。在这种情况下，如果你的左右手的方向相对，就能使右手有效向下拉动。

另外，解释一下自由练习中常出现的情况：当对手处于正确的姿势时，你用右手抓住他右上臂的外侧，用左手抓住他左上臂的外侧。当你在移动他时，他试图通过左脚前移来保持平衡。在他动作的同时，你的左脚向外靠近他的右脚，右脚掌挡住他向前的左脚。然后把他沿圆弧拉到你的右后方，按顺序，向后弯腰。这时，左手抓着他的袖子，通过缠绕着他的身体来增大你右手动作的力量（39页右图1、2）。当你从右前方打破他的平衡时也是一样的姿势。他有时会把左脚伸到你的右前方以保持平衡（39页左图1）。此时，你将左脚放在他右脚内侧，撑住距离脚踝约几英寸的位置，然后把他从左脚外踝处拉出来，顺着你的右眼看向你的手，向右后侧弯腰。此时，转动腰部（左

图2）。用左手绕着他的袖子稍做旋转，以帮助自己完成转腰的动作，并实现右手拉动。另一种情况，当对手如愿到达他的位置时，你以自己为圆心在右侧画一半圆，并运用前面提到的技巧把他扔下去。

• 注意

　　同时做三个动作：撑住他的脚，伸展你的腰（绊倒他的身体），控制对手的动作。用脚掌稳住对手的腿，使他用脚尖保持稳定。或者，避开他前进的双腿，把他拉到正前方（右边或者左边）。这也是非常有效的。右边的照片显示了此技术应用的瞬间。

5. Osotogari 大外刈

• 要领

　　这个技巧用于破坏对手向后的平衡性，这样他就只能在右脚或左脚脚跟处平衡自己的体重，并从右后方避免腿上承担的重量。

• 练习

　　当你和你的对手处于正确的自然姿势时，作为一种使对手体重平衡在右脚后跟的手段，如果用右手将他拉向右前方（40页的图1），他的左脚会向右脚外侧移动，以维持稳定（40页的图2）。这时，左脚上步至对手右脚外侧，用右小腿上步控制其右膝上部，将他摔到右前角。在这段时间里，你的右手握住对手不放松，把他拉向自己，按照左脚的操作技巧把他摔倒。

另外，左手按照左脚的操作，将他的上臂拉到你胸前（图3、图4）。这项技术需要大量的练习，一旦获得良好的效果，就可以非常精彩地将对方打倒。

为了在上面同样的姿势中更简单地应用这个技巧，把对手控制到右后角，左脚移动到他右脚的一侧，然后根据你左脚的移动情形，将右脚放在他的右脚后面，再像前面说的一样，从右后方摔倒他。

这种技巧可以应用于左右自卫姿态的对手，虽然他的姿势看上去很稳固，但是平衡性很低，以至于姿势缺乏变化（如55页图1）。利用这个弱点，假如他处于自我防御姿势时，你可以一边把他拉向你，一边将左脚向前伸到他的右脚外侧（图2），打破他在右后方向的平衡，使他右腿屈曲。

同样有一种情况，你可以通过诱使他移动左脚或走右脚来应用这种技巧。为了诱使对手把他的右脚移到你的右脚内侧，你要先把你的右脚向后移动，并且拉动对手右袖（稍微向内），最后用前面所说的方式撂倒他向前的脚。这时，根据你右脚的后退情形，用右手把他拉到你的右前方。顺便说一句，如果你的对手已向前走，这时应用这种技术是最有利的。

• 要领和注意

考虑到直线用力难度很大，一般很难做到，你可能认为诱使对手的左脚踩在你的左脚外侧几乎是不可能的。但是，在这种情况下，假设你是一个小的内圆，对手是一个重要的外圆，并且都朝着同一个方向旋转，技术的事实将会解决这个问题。你必须把力量传递到你的脚尖，来使放倒对方的技巧更有效。

• 备注

为了有效掌握这一技巧，应用上述技巧，让一些对手作为练习的对象，然后尽可能迅速地练习右腿撂倒对方的动作，右脚抬起，如同脚掌一样从外面穿过他的左膝盖的上半部分，那么你不会错过把这个技巧用于良好的腰部管理的机会。如果你没有对手，可以用树代替。

6. Tsurigoshi 钓腰

• 要领

技巧在于抓住对手的后背，通过伸展和扭转自己的腰部将其摔倒，力道施加于你抬起并拉近对手身体的时候，此技巧包含两个动作：大腰钓和小腰钓，取决于对手的身形。

大钓时，用手伸过其手臂抓住对手的后背，而小钓是抓住对手腋下。大钓适合于相对较矮的对手，反之小钓适合于较高的对手。

• 练习

在正确的自然姿势下，你将对手摔至右前方，有时候对手会跨出左脚以保持自身稳定（42 页图 1）。此时牵拉对手可以通过增加自己抓住对手领口的右手的力量或者使其左脚前迈。然后停止右手的牵拉，抓住对手的后背（42 页图 2）。然后对手会后撤腰部来避招。此时，你用右手牵拉对手到他的左前方，下放自己的腰到对手的腹部以下，把右腿滑至对手右腿内侧，并将右脚旋至脚趾朝向对手的右前方，同时左腿跟随右腿左旋（42 页图 5、6）。把对手的腹部拉近自己的腰部，收回你之前抓住对手右袖口的左手，然后扭展你的腰以将对手投摔到地上。此一系列动作需要做到连贯而迅速。

Otsurikomi 大钓达是抓住对手的后背。

此动作你需要站在右边，对手在你的左边。你需要用你的右手抓住对手的后背，通过收回抓住对手领口的左手让对手的右脚前迈。把你的右腿滑进对手前伸腿的内侧并作回旋，在你把自己的右腰和对手的右腰贴近时将对手摔倒（如图 1 至 4）。

但这种情况下，双方都有一个机会把对方打倒，右 Kotsurikomi 小钓达对你是优势点，左 Otsurikomi 是对手的优势点，因此谁先使用 Tsurikomi 谁就会赢。

• 要领

重点在于你用左手抓住对手后背牵拉的时候，把对手投摔倒地。

在这个动作里，当你扭腰靠近对手时，需要跟上瞬时的爆发力，给到一个可以用两只手把对手投摔出去的意向。

• 注意

使用这个动作时需要抓住对手的后背，当对手意识到你的意图，可以做出相应防御或者改变站位。所以，记住这个动作你是要将对手投摔出去。

7. Tariotoshi 体落

• 要领

例如，你打破对方朝右前方的姿势，以至于对方将重心放在他的右脚上，然后你退出左脚，让你的身体向左转一点，再将你的右脚伸向他的右脚外侧，让两只脚契合在一起，最后用双手把他拉下来，采用使对手以你的右脚为中心画出一个半圆的方式。

• 练习

当你和对手处于正确的自然姿态，同时打破对手向右前方的平衡时，你把左脚向后退，使它指向左侧。然后，当你右脚走到他右脚前面的外侧，伴随着你腰部的弯曲运动时，你用右手拉住他，就像是把他推起来一样，然后把他拉到左后方，同时左手同步动作，把他拉下来。

在激烈的运动中，对手经常来到你的左前方，这是你运用这种技术的机会。

在这种情况下，利用他的动作来绕过你，当你左脚退后一点，压低你的腰并扭动时，你借助他朝前方的力来使你的手能够打转；你把你的右脚放在他的右脚外侧，一直到你的腿可以弯曲的最大程度，那么当你伸展你脚的弯曲部位时，你就可以把他拉向左前方，就像前面提到的那样。

在许多实际情况下，无论因为你的动作还是他的进攻意志，对手都会向前移动，当他向前走的时候，你要运用可以灵巧地举起他的技术。

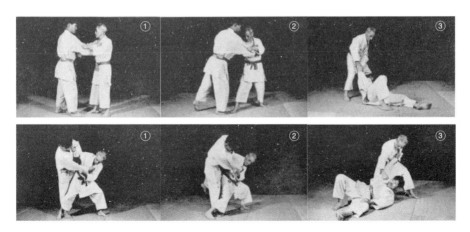

• 要领

在你举起和移动他时，控制好你的脚是很重要的；然后绕着你的左手把他拉下来。此时，你的右手的动作应该与左手的动作同步。获得瞬间力量所需要的时刻就是你扭腰向前走的时候。

• 注意

如果你不把抓着他脖子侧面翻领的手举到高于他上颈部的地方，这种技巧就不能证明是有效的。

此外，如果你在对手的上身放松之前放置你的脚，则无法成功使用技巧，相反，你的脚可能被扫过。

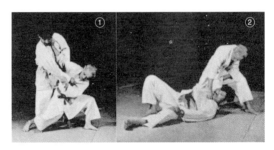

---

8. Tsurikomigoshi 钓込腰

• 要领

此技术的目的是摔倒对手，好比一个竖立的杆子因底部受到重击而倒下。在此技术中，你的腰部动作包含两个阶段；当你把腰部放在对手小腹位置时，他有时会向后弯曲来保护自己。此时，降低你的腰部来使你的腰部和他的腹部的接触点腾空，然后移动你的腰来使他的身体转动，就好像绊倒他一样。

· 练习

在正确的自然姿态中，如果你尝试用右手抓住对手的后领来破坏其朝右前方的动作，他可能会前移左脚来保持自身平衡性（44页图1）。

此时，把你的力量集中在抬起的动作中，把你的右脚滑到对手右脚内侧的上部，同时把你的左脚向左滑到对手左脚的内侧（44页图2），当你的腰接触到对手的小腹时，保护自己避免向后弯腰（44页图3）。

在这个时候，把你的腰降低到大腿外侧或膝盖上部的位置，用右手把他抬到你前面。然后使你左手拉他右袖的动作与你伸展膝盖并把他绊倒的动作同步，最后把他扔在你的右前方（44页图5、6）。

如果对手左脚向前移动，你要用手阻止他腰部和腿部的灵活性。如果你放低自己的腰，并把他抱起来，就可将其摔在地上。

这里一些招式的解释与前面内容相似。

当你和你的对手处于正确的自然姿态，并且你试着提拉左腰时，用左手抓住他右边袖子的中间部分，用右手抓住他左边袖子的内侧或外侧，之后把他举向右前方，这时你的左脚自然向前移动一点。因此，为了切入你的腰，把你的左脚绕到对手左脚内侧来使两人的脚正对，同时向上推他的右手使他抓住你的翻领或右腋下的袖子，然后用右手拉拽他（如下图1）。

在这种情况下，使你的右脚稍微靠近他右脚的动作与你提拉的动作同步，以控制你腰部的旋转中心，并充分利用左脚的碎步（如下图2）。

如果对手左脚脚步迈得很小，你可以绕过他的脚。

而且，当两人相互靠近时，你不要等着对手前进，而是把你的腰放在对手身体内侧，然后抬起他，把你的技术应用在给你抬他的那只手以力量上，这是非常有利的。

当你和你的对手都处在以上相同的姿势，你想要应用右侧的腰部提拉时，你握住他的右袖子的中间部分，把你的右脚放在他的右脚内侧，就像前面的情况一样把他抬起，导致他的右脚向前；然后弯曲你的右肘，抬起到腋窝，再加上右手的拉伸运动，并伸展自己的膝盖，使身体能挂住对手的腰部，同时用左手扭动的动作将他拉下来；在此情况下，当你的右脚使你的腰部能够做出动作的同时，你的左脚要朝向右边（左图1，2，3）。

从外侧抓住他右袖的中间部分，使你的四指向上，然后你可以利用这种技术挂在他的上臂，抱住他的身体。

当你从外侧抓住他右袖口，并让你的腰部挂在他的身上时，便可以应用这种技术。

• 要领

在尝试这种技巧的时候，重点是要给你抓住他的翻领的右手增加力量，以及在你离开他面前时使你的腰迅速切入对方。

还有，为了释放腰部的力量，在你的膝关节伸展的那一刻，使左手与你的右手的动作同步，把他完全拉上去。

此时，只有腰部刚硬，身体和心灵的力量才能完美地融合在一起。

• 注意

认为这种技术适用于对手第一次向后弯腰时的观点是错误的。因为对于对手来说，向后弯曲是为了防御，不同于心理姿势，这样一来，对手的姿势很容易背离你所预期的样子。

并且，除非你把对手吊的很好，否则你的大领将会变成的你弱点，而且当你抓住他的后领时，你会担心许多腰部技巧使不出来。

准则二

9. Kouchigari 小内刈

• 要领

该技术要求你的脚要像镰刀一样弯曲，然后用右脚去绊他的右脚，或者用左脚去绊他的左脚。

- 练习

假设两人都处在自然且恰当的姿势中。为了使对手的右脚前进，你的左脚要向左点，然后在这个过程中把他朝他的右前方举起。当他的右脚前进，身体重量落在脚上时，你必须立刻把右脚像镰刀一样弯曲，从他的右脚上部摺倒他。

同时，立刻用身体和双手把他推倒在右后方（左图1至4）。

解释一下在自由练习中容易发生的现象：当对手处于适当或正确的自然姿势，并且你正诱使他前进右脚时，他有时会用左脚扫过你的右脚，然后在你后退之前右脚前进一小步。

这是一个最有利的运动，在这里可以用你的扫荡的那只脚摺倒他的右脚。同时用双手推着他朝他的左后方跌倒。

你还可以以正确的自卫姿态摺倒对手，尽管形式上有些不正规。在这个过程中，用脚后跟内侧扫过他的膝后窝，然后把他拉倒至右后角。

当你和你的对手都处于正确的自然姿势时，有一种有效的方法可以把他推倒，即用你前进的左脚去扫他的脚后跟。

- 要领

此招式的目的与小外刈相同，但通过此技术，你可以用相互作用力把对手推向后角，必须谨慎、迅速地用双手的力量来施行这个动作。

- 注意

由于忘记及时地收和移动脚底，你有时会很容易空扫。在这种情况下，你可能会被对手的技巧摺倒，如 Hiza guruma 膝车，Sasae Tsurikomi 支钓达或者 Tomoenage 巴投，他是利用你一定会抢先出脚的情况。

•评点

虽然我们不能自然而然地施展小内刈，但给出了以下有效技术：运用横扫前进的脚和小内刈的 Tsurikomi 钓达复合方法，你能够将对方前进的那只脚扫落并使他跌倒，那只脚是用来保持他的身体平衡，而且脚底踏在榻榻米上。

10. Koshiguruma 腰车

•要领

用手抱住对方的脖子，腰部贴近对手身体外侧，如水磨转动原理，利用腰部将其放倒。

•练习

当你和对手处于右侧的自然姿态时，把他举向右上角以破坏其稳定性，并用手握住他的右小袖。同时随着身体转动，抱紧他的脖子，右脚上步至对手右脚外侧（你的脚稍微面朝左）。左脚背步至对手右脚内侧，使他的脚与你的方向相同。腰部尽可能贴近对手身体。

使你的后腰部贴近他的小腹部右侧。然后双手用力，用臀部支顶对手，将其摔倒在地（下图 1 至 5）。

当对手处于自我保护姿势时，无论在右侧还是左侧，这都是适用的。在此情况下，你必须撼动他，迫使他依靠双脚脚趾来保持稳定。右脚在对手右脚内侧，左脚随右脚转动，并放低腰部；此招式的动力来自内圆，但并不能使外圆沿内圆旋转。像翻转对手一样将其摔倒（右图 1 至 3）。

当双方都处于自然姿势时，你阻止对手向右后方，而使其前移。这正是一个应用该技术的机会。但是这种情况，他倾向于用左手惯性做出反动作，所以你必须快速拉住并转动他的手。

• 要领

重点是充分的行动，如拉动和转动对方的手。

• 注意

如在一个自我保护的姿势中，除非你有意从前面摔倒对手，否则你的平衡很容易被打破。小心别在他摔倒时摔倒在他身上。

11. Kosotogari 小外刈

• 要领

（请参阅第 50 页的剪切）

把你的脚弯成镰刀状，从右侧或左侧打败对手，从某种程度上来说，有些像从根部收割青草。收割时，镰刀脚上的力量将使他保持脚跟的稳定。然后，你从外侧绊住他的脚后跟，使他摔下来。

• 练习

当你和对手从右侧的自然姿势中交手时，需要把左脚移到他的右脚外侧，来阻止他移动到右后角，同时右手向前推进，左手拉动。同时，右脚必须靠近他右脚尖的外侧，而体则指向右侧。左脚一定是镰刀状的。把它轻轻地放在外侧的脚后跟上。再加上把他扔在后方的动作，你可以顺着对方右脚的方向很快把他扔下来（下图 4、5）。这项技术适用于前进过程中对手稳定性尚未确定时。此外，该技术适用于当他处于右侧或左侧的自保姿态时。因为在这种姿势下，稳定性降低，并且缺乏运动的变化。因此，尽可能轻地移动你的身体，并按照上面的建议，利用双手的循环动作把他拉倒。

五大准则

• 要领

在上面的情况下，你必须突破他，使其身体重量保持在脚后跟。要记住这点在实践中很重要。

• 注意

如上所述，这项技术是为了减轻对手的重量，也可以说是为了把对方放倒。相应地，你不能用脚底来扫踢。你可能会认为，支撑腿上的身体重量越多，情况就越好，然后你就会将一只脚空出来。但如果这样做的话，可能会耗费更多的力量。要小心这个情况。

12. Ogoshi 大腰

• 要领

要把你的腰贴近对手小腹部，像把树连根拔起一样将其摔倒。

• 练习

在右侧自然姿势的练习中，在他左脚向前的同时，你试着将右手从对手腋下插入，抱住他的腰背部。然后，他会把腰部向后撤。这一瞬间，在抬起他（第 51 页图 1）的同时放低你的腰，把你的腰贴近对手小腹部，你的左脚背步至对手的左脚前侧，右脚背步至他的右脚前侧（图2）。如上所述，然后你弯曲膝关节，把他举起来，并用腰部支顶将他投掷过去（图3-5）。此刻，你的右手抱紧他，左手举起他，不要放松力量；然后扭动你的腰把他拉下来。当两人都处在右侧的自我保护姿势时，你可以稍微收回右脚，同时伸展身体，以便向前拉动和抬起他，或者保持你现在自我保护的姿势，试着把他向前拉，把你的右脚稍向左后方移。然后，对手可能会被迫前移左脚以保持稳定性；在这一瞬间应用这种技术可以将对手举起，同时拉动的那只手不放松（图6，7）。

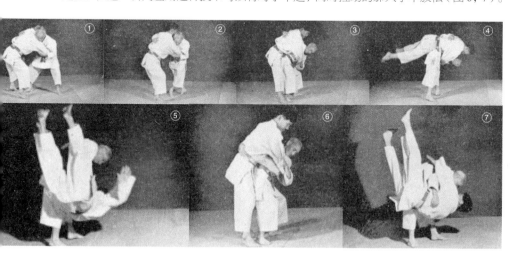

• 要领

使对手双脚一前一后，形成一行，并把对手抬起，迫使他踮起脚尖来保持稳定性。然后，穿过护背带或腋窝把手插入对方腰部，以此来使用该技术。

• 注意

这里脚的移动是先左脚，后右脚。当把右脚移到左侧时，右手动作会根据后退动作以一种回旋的方式将对手拉回。在运用这项技术时，一方想要抓住皮带，这样做毫无疑问会提高效率，但不抓住腰带会更好。

13. Seoinage 背负投

• 要领

（参见 52-53 页的剪切）

核心是使对手的腹部贴近你的腰部，并利用肩膀让他翻转一大圈，然后将其摔倒。该技术在对手主动进攻时使用非常有利。

• 练习

当两者都处于右侧自然姿势时，从前方拉动并举起对手，并将右脚缓缓移到对手右脚的内侧前面（图1）。然后，向对手相同方向移动脚（图2），并松手。稍微放低身体，左脚上步至对手左脚内侧。在此期间，右手穿过对手右臂的腋下抓住其肩膀。或者紧紧地抓住对手后袖（图3），把你的身体靠近他的身体。然后用后腰部以回旋的方式把他从前面摔倒（图4，5）。

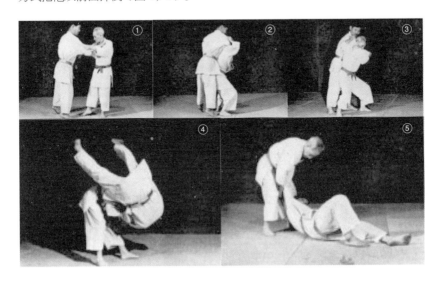

根据身体动作加强左手的拉动，同时控制他的右手，你就能把他拉下来。这种情况的好处是能用左手握住他的后袖。在右侧的自然姿势下，当对手的左脚稍微向右前进时（图1），你会后撤右脚：根据它的运动，左脚靠近他的左脚尖，然后将身体放低，从右脚快速推向他的右脚外侧，这样就可以和他面对面。把对手拉近自己，在这一刻用左手控制他，迫使他踮起脚尖保持稳定。不要放松提着他的那只手。根据脚的盘旋运动，右手抓住对手直门，左臂插到对手的腋下（此刻他支撑不住了）。再加上腰的弹起和左手的同步拉动，把对手摔倒。

在这时，你的身体动作将是迟缓的，除非左右脚在同一方向上旋转。当对手在右边时，你会让他用自然的方式抓住你。你的左手抓住他的右小袖，右手握住他的右直门（右图1）；把他抬到前面时，左脚要深一点，因为它是根据腰部运动与左脚接触的；

腰部贴紧对手小腹（图2）。此时根据腰部摆动弯曲手肘。与左手的拉动同步，把他拉到腋下；然后根据腰部的弹力将他拉下来。当两者都在右侧的自然姿势时，从前角处举起对手，有时他会前进左脚（下图1）。在这里，如果允许的话，可以将其引入，右脚必须靠近他的右脚脚趾（图2）。然后，你的左脚滑到他的左脚内侧。与此同步，右手扫过他的左手；然后你的手穿过他的腋下以便与右肩接触，或者抓住他的后袖（图3），把腰部稍降低，把他拉下来。或者把他抬起使其依靠大腿保持稳定；绕着他转圈，就好像随时要扑上去一样。

- 要领

请记住，要快速摆动腰部来使对手飞起来，并且以腰部为枢轴将他放倒。

- 注意

可能存在被对手扼住喉咙的危险，因此不要忘记把对手的手放在你的肩膀上。但只要抓住他的袖子就不会有这样的危险。这项技术是进入他的中心，因此很容易丧失自己的中心。因此，你要有意去破坏他。破坏就是通过肩膀把他扔下去，所以你也容易要肩负他：这也是你必须小心的。在使用这项技术时，通过弯曲肘部来抓住对手直门，除非你转身速度够快，否则二者身体会分离，有时肘关节也会受伤。因此一定要注意。

---

14. Ouchigari 大内刈

- 要领

通过将对手双脚分开来降低其稳定性，并攻击他的膝后窝使他摔倒。

• 提示

重点是要诱导他伸展双腿，以便降低他的稳定性。

• 练习

当两个人都处于右侧的自然姿势时，降低腰部，然后稍微转一圈：左脚向左转，然后收回右手，这样他的身体就向你右侧退出。然后，他的左脚有时会继续前进。这一瞬间，当他的左脚跟接触榻榻米时，通过加强你的推挤力量，同时让右膝后窝扫过他的左膝后窝，把他扔下来。在这个快速的动作中，你的左右手同步降低。

现在来解释一下在实战中经常发生的情况。

当你处于右侧姿势，对手处于右侧防御姿势时，将左脚退到右脚跟的背面。然后，用右膝后窝抬起他的左膝后窝，这样他就不得不保持自己的中央稳定，用右手把他推倒在右后角，左手以挤压的方式把他推向一边。在一场比赛中，你以同样的方式接近他，搂住他的脖子，然后靠在他的背上。另一种有效的方法是用右脚踝的右后侧抬起他的左膝后窝，左脚向前把他推到右后角。

• 注意

在应用大内刈的过程中，对手的膝后窝是非常重要的区域；

这是诱导他充分张开双腿所必需的。初学者容易攻击他的要害部分。所以在伸腿时，你必须小心不要侧着膝盖。

左下方的三张照片显示了应用大内刈时的两种攻击姿势。左：右手延伸到对手喉部后部的模式，中：从后面看的下部姿势。右：一方用右手绕过脖子然后弯过对手。

15. Kosotogake 小外挂

• 要领

适用于以下动作：以垂钓的动作拉动对手，让他与你面对面接触，你就可以把他放倒在右后角或者更好的地方，迫使其依靠一只脚保持稳定；然后同时利用手和腰部将其放倒，就好像把脚底放在他外脚踝的上后部。

• 练习

例如，在右侧的自然姿势中，对手与你相对，你按照自然的顺序抓住他的袖子，通过增加你右手的力量来抓住他的左脚。那么，只要画一个小的内部圆圈，你就会越来越靠近他的右后角。当你的右脚趾靠近他的右脚趾的时候，你通过把左脚踩到他右脚踝的上后方来抱起他。在这一刻，你的右手上举，把他拉起来，按照身体旋转的方向，抬起他的胳膊肘，他将被摔倒在他的右后角。在你移动的时候，只要增加一点力量，你就可以把他举起来扔下去。右手只需使用一个短暂的力去把他举起，你就可以把他悬吊在与自己相同的方向（图3）。这种肢体同步的表现是为了将他扔到右后方的角落，就像砍树一样。

• 要领

重点是当你的身体向内转圈时（即腰部略微下降），你的对手将向外转圈。当攻击他的脚时，你的脚与腰要同步拉长。且重点是要拉住他下肘的袖子。

• 注意

在与对手的盘旋中，一定要确保右手全力把他摔倒在右后角；如果没有，你会在外面攻击他的脚，该技术会因你的腿扭曲而失败。

• 评点

当双方都以右侧的自然姿势交手时，他们中十分之一的人都会试图抓住对手的翻领并将其摔倒在右后角，但都要考虑好。如果在抓着翻领的时候使用了这个技巧，你应该大开后门，好让他的左脚前进一步。你把左脚移动到他的脚尖旁，让他的右脚以浮动的方式向前走（图1-3）；这一瞬间迅速将你的右脚掌放到他左脚踝的后上方，然后攻击他使他摔倒在左后角。这一瞬间，你的左手抓住并举起他右侧手肘的袖子的下半部分；右手拿着翻领，随着左手的快速动作，将他同步举起扔下来（图4，5）。在这里，应该小心他的左手碰到地面和逃脱。所以在某些情况下，你更需要在左侧后方而不是左后角把他放倒。右上两幅图表示的是放腿的两种方式；下图显示了正确的方式，上图是利用脚踝。这种出脚的方式可能有些僵硬，但如果运用得当的话，将会证明是非常有效的。

16. Haraigoshi 扫腰

• 要领

诱使对手把胸部和腹部靠近你的后腋下和侧腰，借助腰部扭动和大腿的动作把他的大腿推上去；然后把他扔下来，就像在前右侧或左侧画一个圆圈一样。

• 练习

以正确的自然姿态握拳，同时在右前角处身体向上并击倒对手（图1），将左脚移动到右脚踝的后面，以便轻微下降身体，并将右后方腋窝和侧腰贴近对手右侧胸部和腹部（图2，3）。此时，左手把他拉过来，右手抓起对手大领，按左手动作绕过对手（图4），并利用腰部扭动和大腿动作把他大腿外侧向上推开，并以旋转的方式把他扔下来（图2，5，6）。

如果你试图把他打倒在右前角，他的左脚有时会上步到你的右脚外侧以保持稳定（58页右图1）。在这种情况下，当你的右手夹在他的右腋下时，松开抓着的他的大领，将其抱起，左脚沿着相同的方向移动到他的左脚尖内侧（图2）。如果脚所在的位置变窄，可以放在他的外侧。然后把你的身体靠近他的身体，用右大腿后部把他右大腿前部推到膝盖处，然后把他推倒（图3）。如果对手比你矮，用右手越过他的手臂抓住其后腋窝，抽拉时，如上所述把他摔倒（58页左图1）。

• 要领

当身体以旋转的方式切入时，对手的左手必须被拉近与抬起。像上面所提到的那样扭腰，拉长腰部。重点是通过右脚反弹动作将他推高，快速转动左脚。

• 注意

注意不要屈腿，要把对手举得足够高，否则你会仅被对手抱起来，因为你的平衡降低能使他有一定的运动空间范围。

• 评点

当你穿过他的手臂抓住其后腋窝或者大领时，以及当你试图推开右大腿外侧时，对手可以向后退或者采取自我防御姿势来躲避。在这种情况下，你向左上方稍微前进的同时，加强手部力量拉动并控制对手。给左手增加一定的力，并放低身体，把他铲动到后大腿内侧，他就会很容易被击倒。

准则三

17. Uchimata 内股投

• 要领

这是一个重要的技术，当对手双腿分开时，用大腿后侧推动对手大腿内侧，使其摔倒。

• 练习

当两者都处于右侧自然姿势时，右手抓住对手直门不动（图1）。然后，左手根据右手动作拉动，引导他用左腿画一个外圆，这样你的身体就处在中心位置。当他的姿势固定时，你的左腿随着他的左腿转向同一个方向（图2）。让他的胸部和腹部贴近你的腋后方至侧腰，然后用大腿后侧向内推动他的大腿内侧，把他扔到正前方。在这一刻，双手的方向一定要在三角区域内。

• 两大变化

当两者都处于右侧的自然姿势，而当你试图将他扔到右前方时，他有时会向左前方的宽阔空间前进，以躲避你的攻击。这时，你举起并移动他使得他需要通过脚趾来保持平衡。接着，假装要将右脚向前放在左脚前面，然后把左脚向前一点放在右脚前面，这样移动的时候你的臀部就可以和他的小腹紧密接触了。再用你的右侧大腿的后部推拉他的右侧大腿的内部。把他抬起来搁在背上，再把他摔下来（60页右图1~3）。当他处于极端的自卫姿势时，你将左脚向前移到他左脚的脚尖前，用你的右腿迅速抬起他的左腿，然后用你的双手沿着三角的巨大逗号的轨迹把他扔下来（60页中图1~3）。

• 要领

双手的运动必须由身体和腰部的运动来决定。

• 注意

这种技术适用于足部空间较大的情况。如果你鲁莽地应用，（男性）睾丸有时会受到攻击，所以你必须了解上述过程。

• 评点

为了把对手拉近，把他抬起来是很重要的，让你的左脚前进一点到左前方。拿起翻领的上半部分比平常方便。有时会有一个弯曲一侧膝盖的姿势，对于自己而言很容易应用大外刈（Osotogari），这是一个自然而然的反击动作，但不一定奏效（60 页左图 1~3）。

18. Hanegoshi 跳腰

• 要领

这是一个很重要的技巧，根据腰部运动，你用腿抬高对手的腿来摆脱对手。在这种情况下，你抓住他，拐着步子靠近他，并将你的侧腰放低，位置在他的下腹部。

• 练习

当两者都以右侧自然姿势交手时，你在将对手抬起至右前角的同时，你的左脚向右脚的后踝边缘移动；左拳向左肩拉动；把前臂拉到你的腋后方，以便控制他。然后，把身体右侧和后腰放在他的小腹右侧。将右小腿弯曲一点，通过用你的外小腿抬高他的右小腿内侧把他丢在前面，并使跳跃力量与左小腿的伸展力量同步。在这里，举起你的右手并使左手和腰部动作协同，使对手改变重心，来拉动他（图1～5）。

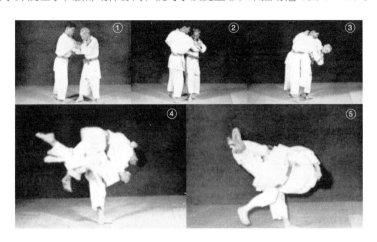

如果你打算在右前角攻击他，他会躲开并将左脚前进一步以保持平衡，否则从一开始就保持自然姿势。在这种情况下，在他重心浮力飘逸的时候跳跃和应用技术，使他必须通过脚尖保持平衡，这样他会很容易摔倒（左图1～2）。

如果你处于右侧而他在左侧时，你会试图在他的左前角攻击他。那么他有时会右脚前进一步以保持稳定。在这一刻，诱使他违背自己的意志，将有利于你，你用左脚接近他的左脚尖，以拐弯的方式应用前面提到的技术（右图1～4）。

• 要领

总之，重要的是强行拉动手，把他抬起来并控制住他。将左手拉到肩部说明左手被抬起，身体的外侧放松，并紧贴腰部。

• 注意

有些使用该动作者可能会认为自己是用腿弯处推高对手的。这是一个严重的错误：这种推举因力量不够而加大动作幅度。

只要腰部位置够低，上方或下方的向上推腿的位置就不重要了，越低越有效。当他没有完全被击倒，而你通过弯曲腿弯处来将这个技术应用在对手的上半身时，就会担心腰部的移动或者后方的姿势。这需要一定程度的练习，使左脚在腰部屈曲的同时移到后面。所以作为一个初学者，最好一开始就把脚放在足够方便的地方，一边举起对手，一边应用技术。或者，如果他前进了，初学者最好稍稍移动左脚，把腰推过去。或者如果对手退后一步，最好是对一次移动的动作作出反应，就好像被推到身体中一样使用这种技术。

• 评点

当你将这个技巧应用于一个高大的对手时，你最好用右臂把他从左腋下提起，同时用平常的方式抓住他的翻领。如果他有点自卫的姿势，最好通过一圈圈地翻转他的方式，把他从腰部抱起来，让他离地。如果对手略微处于左侧姿势，则更容易应用"跳腰"姿势。但他会更容易逃脱，所以，要迅速采取主动措施，这是必要的。所以采用左侧的跳腰。

---

19. Hanemakigoshi 跳込腰

• 要领

这是一个重要的技术,以对手的后腰部作为发力点来把他扔倒。为了达到这个目的，你要把他抬起来，用腰缠到他的小腹处，然后移动，这样就可以沿着同一方向依靠内圈的动力来旋转外圈。

• 练习

当两者都处于右侧的自然姿势时，你试图从右前角攻击对手，对手有时会逐渐向左边靠（63 页图 1）。这时，让他的左脚向你的右脚跟转过来，使他的左脚面向左侧，抓住左手，像扩胸一样用左手抓住对手同第 59 页并把他举起（63 页图 2）；后腰（腰部的右外侧）紧贴对手小腹（63 页图 3）；右踝上部放于对手右腿内侧的下部；推动腰部使身体卷起来，然后用肩部把他扔到右侧。另一个有效动作是松开紧抓对手直门的右手，并将对手右前臂拉至其头部上方。如果对手看起来没有移动，仍然保持右侧姿势，则通过腰部反作用力使左脚上步至他的左脚内侧，再应用上述的技术。此外，当你处于右侧自然姿态，对手处于左侧姿势时，抬起他使其右脚前进一步。你可以根据腰部扭转的方向，使左脚的方向朝向左侧来使用该技巧。

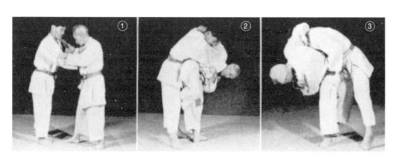

当对手静止时，保持左手姿势，左脚上步至对手左脚尖内侧，使左脚朝向左前方；弯曲膝后窝，使右脚掌与左臀的接触点位于其下腹部。那么，通过腰部弯曲身体可以证明你的技术是非常有效的。

• 要领

当你的身体转向他时，把他拉近使得两人的腋窝接触是非常重要的。左脚与身体边缘同步转动可产生控制力，可使对手无所适从。

• 注意

在你卷曲腰部，加强颈部力量时，他就有机会锁住你的喉咙。另外，如果你在卷曲腰部时过早抽手，就要当心腰部被推高或脚被缠绕。

20. Harai-tsurikomi-ashi 扫钓込足

• 要领

这是用脚底去扫和推动对手到斜后方，然后把他拉倒在你的外侧，这样可以防止在地面上滑倒。

• 练习

当双方都处于右侧的自然姿态时，抬起双手并诱导他右脚退后，同时将右脚上步至他左脚趾外侧，使他右脚穿过外侧脚踝后部。完成之后，伸展右肩，用左手把他拉到你右边。与此同时，旋转收回右手。

当对手处于右侧自然的姿势时，以合适的方式抓住他的两只袖子，将他引诱到右前方，使他通过双脚尖保持平衡；左脚上步至他右脚外侧。当你将他的左脚扫到后面时，可以扭转身体将他拉倒在右脚外侧。

• 要领

重点是要暂停足够的时间，使他的膝后窝有足够的伸展，重点是用伸展的双脚来扫和推动他，从而应用好腰部的力量。当把对手拉倒时，你应该有充裕的时间看到他被拉下的地方。

• 注意

一些运动员认为扫腿是扫钓达足（Harai-tswrikowiashi）的一个好机会：这适用于支钓达足（Sasac-tswrikomi-aski），而不适用于清扫大的障碍物，尽管可以获得一定的效果。

• 备注

当有更大空间出脚时，将脚靠近或接触对手脚的内侧，并如上所述将其摔倒。

---

21. Tomoenage 巴投

• 要领

这是一个重要的技术。在引诱对手到前面的同时，把身体以圆弧形状放倒在他面前。当后腰接触到地板时，把一只脚放在他的腹部并把他扔过你的头顶，可以这么说，这形成了两个大的逗号形状的弧线。

• 练习

原则上，当两者都是以右侧的自然姿势交手时，假设你从后方攻击他，他有时会抵制它和强迫返回（65 页图 1，2）。利用这个，把他引诱到中间，左手抓住侧襟，左脚推到他的脚后面一点；稍微弯曲你的右腿弯处。向上弯曲估好脚趾距离，以圆形的方式推进你的身前，使你的脚后跟轻轻触碰到他肚脐的下部。一旦腰部接触地面，当你仰卧时，将右脚伸到眼睛上方，然后把他从你的身上扔出去，使你和他的身体处在一条直线上（下图4）；然后通过在左颈处拉高你的对手（下图5），把他扔过你的身体。最普通的情况之一就是彼此处于正确的姿势，当一方握住对方的袖子时（不管是内侧或外侧）并试图在右前角攻击对方。在这种情况下，对手有时左脚会前进一步来保持平衡。利用这一点，你要滑进去并诱惑他，直到他被迫通过脚尖保持平衡，而且在你右脚抬高和伸展的同时，如上所述，把他越过你的右肩或头顶摔下。

当这个技巧被运用到对手静止的时候，握住他的袖子；把右脚推到他的双脚之间，同时稍微用右转的方式控制你的身体，并把他诱入（下图1，2）；把左脚尖的后面放到下肚脐处；抬起并伸展左脚（下图3）以至它转向你左肩的方向。然后用左推右圆的方法把他扔下来（下图4，5）。这同样适用于左侧姿势。

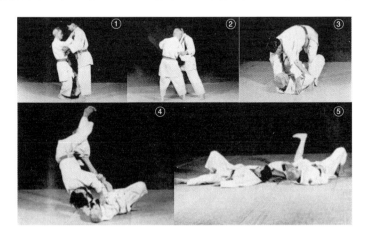

• 要领

诱导他直线前进，并利用双脚尖保持平衡是很重要的。这种姿势使他不能做出不同的姿势。

• 注意

一方在腰部触地前，很容易抬起一条腿，并将其放在对手的腹部。必须要小心这种情况。

• 提示

对于一个右侧进攻能力强的运动员来说，在左边使用巨大逗号形弧线会更有效，反之亦然，因为这样反过来做，对手动作的多样性会减少。当两者都处于右侧姿态时，一种有效的方法是用你的右脚掌从内侧轻轻地扫过并滑动他腿的下半部分。当他的姿势没有变化，而你的身体刚好在他的腹部下方时，通过抬高左脚来应用这项技术。

22. Sukuinage 掬投

• 要领

例如，当对手攻击你的右半身姿势时，把你的身体放在他腋窝的下面，让你的左脚绕到他左脚的后面；从前方抱住他大腿的左下部；右手从右边抓住他的腿弯和大腿后部，并且把他捞起来再扔下去。这种技术就叫作掬投。

• 练习

假设两者都处于右侧的自然姿势，你试图在他的右前角或前面攻击他（图1），他会用抓着翻领的右手拉着你的身体（不管他愿意还是反对）并保持身体不动（图2）。这时，让你的身体根据他拉你的动作稍微下降一点。在这样做的时候，左脚靠近他的左脚，右脚靠在他的右脚外侧。松开双手，用左手抱住他大腿的左下部分（图3）。用你的右手从他的前面铲起他的腿弯（图4）。将你的左下腹和大腿内侧上部与他的右腰部和臀部下部接触。然后通过腰部向左前方运动以把他扔倒在后方（图5，6）。

如果他处于极右的姿势，就扫开他抓着翻领的右手，快速移到边上应用上面提到的技巧（图 1-7）。

• 要领

当你接触他时，越过他的腰部，并用左手把他抱起来：将他的右肘放到你的大腿内侧，并在腰部运动的同时把他捞起来。这是非常重要的。

• 注意

由于这种技术要求双手悬空，身体下蹲，除非身体向内快速转动，否则可能会被推到前面，或者恐怕脖子会被勒着。如果双方都朝后方倒下，有时对手会遭难，必须非常小心。根据对手身高不同，情况会有所不同，但在可能的情况下，选手最好用他的左手抱住对手的大腿来控制对手。

• 评点

在这种技术中获得成功的最有利的机会，是当对手以半前或半侧姿势出现的时刻，并且如上所述地跳入。因此当你将这种技术应用于后方的盘旋方式时，它将被证明是相当成功的。

---

23. Ashiguruma 足车

• 要领

假设双方都在以右侧的自然姿势交手，那么当他以漂浮的方式破坏掉右前方的攻击时，你的右腿必须牢牢地顶在对方的前腿上，或者当他移动左脚来改变左侧姿势时，放在他后脚上也可以。换句话说，你将会用你的双手把你的右腿放在他的右膝下面，然后把他拉倒。这是足车的要点。

• 练习

（1）当两人都以右侧的自然姿势交手，在右前方抬起对手时，使你的身体左拐弯，这样你就可以通过你的左脚和右脚后部交叉来和他面对面。在这时，抬起并伸展你的右腿，以至它的一侧触碰到他的膝盖外部；然后用一种旋转的方式把他拉到你的左边（下图4，5）。

（2）当两人都以右侧的自然姿势交手，你试图从右前方攻击他时，有时对手很讨厌这种行为，并且可能会左脚前进以把姿势转向左边（下图1）。在这种情况下，在他左脚向前的同时举起并拉动对手，使他的左脚贴着边缘移动到前面的外侧，以至你的左脚朝前。然后，抬起并伸展你的右脚，让你的大腿后部放在他的左大腿前部，脚跟的内侧伸到他右膝下部的外侧。而且你会操控双手把他拉到你的左前角，并把他拉倒。

（3）当你处于右侧的自然姿势，他处于左边自然姿势，且你从他的左前角展开攻击时，他有时候会伸出右腿前进，这时你就像上面所解释的那样把他扔下去（下图1～3）。

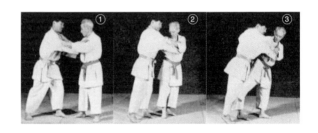

• 要领

（1）让他伸展腰部，以便没有余地。

（2）拉直放在他身上的那条腿，并增加基础技巧的力量。

（3）拉倒他的动作一定要快。

这三点对于该技术都非常重要。

• 注意

在练习时，对手很容易因为惯性或动力而左右转，在这里这个技巧是最有效的：当他向左转时，通过伸展右腿来快速应用它；用你的双手握住他的袖子的做法也是有效的。

---

24. Ushirogoshi 后腰

• 要领

这种技术是走到他后面把他背起来再扔下去，降低腰来紧贴他，像要把他捞起来一样抱紧他。

• 练习

（1）如果双方都有右侧的自然姿势，且对手把腰部用力降低推进以应用技术时（图1，2），右手握住翻领，要通过猜测他的思维或快速适应姿势来控制他；松开你抓住他袖子的左手并移动，使你的左侧脸颊与他的右腋窝相接触，并下沉腰部，使你的小腹触及他的臀部；将左脚向前推进到他的后脑勺处，左手穿过左大腿骨和小腹抱住对手（图4）。而当你在右前方把他捞起来的时候（图5），左脚稍稍向后，以把他扔到左前角。

（2）当你处于左边的姿势，他推着你的右腰部时，放低你的身体，用左手抱住他。用抓着袖子的右手把他的左手拉到他的小腹处，剥夺他的自由动作。然后，如上所述，把他扔下去（图6）。

（3）你可以完全绕过他的背部，下沉腰部，来使你的小腹上部触到他的嘴唇；用右手抓住他的左侧翻领；左手放在他的下腹部或前腰带的下部，或抱住他的小腹下部。然后，把他抬高到正前方；向左或向右收回一点，再把他扔到你移动的前面角落（左图1-2）。

• 要领

（1）弯腰，把他捞起来，确保彼此的紧密接触，这是最重要的。

（2）另一个重要的事情是，把他抱到你的右前方，再把他扔到左前角。此时，你的左脚退出一点，稍微分开。

• 注意

如果动作不明显，会给他的后脑部带来过多的疼痛。所以，你必须小心不要这样伤到他。

• 指示

当对手以突显右腰的姿势出现时，给右腹部以力量和意志力；把他抱到右前方，再扔到左前角。当他以左侧姿势出现时，给左侧腹部以力量和意志力，将他抱到左前方，并按照指示将他扔到右下角。或者，如果你能够事先预测他的想法，这种技术将适用于不完美的姿势：腰车（Koshigurrma），（Otsmrigoshi），钓込腰（Tsurkomigoski），跳腰（Hanegoski），外卷込（sotomakikomi）和大车（Oguruma）。但不适用于：浮落（Ukigoski），大腰（Ogoski），小钓腰（Kotsurigoski）和扫腰（Haraigoshi）。这些姿势需要把手插进腋窝，简而言之，这是一个手插在尴尬位置但有效的腰部运动。如左图所示，这项技术需要很大的力量，因为你可以利用身体紧贴他的背部来支撑他的身体。但是停下来并绷紧腹部，可以让力量更强，技术更好。

准则四

25. Yokoguruma 横车

• 要领

试着抱住背后的对手，有时他会为了防守而向前弯腰，避免被扔到后面。趁着他弯腰前进，把你的腿（从他的外侧）推到他的前腿深处。遵循此要点，把你的身体推到他的下前方。当你和他形成两个大逗号形状时，双手把他扔过肩膀，再扔到后面的角落。这就是这个技术的要点。

• 练习

当双方都处于右侧的自然姿势时，从右侧抱住他的后腰。或者，如果他正在运用正确的腰部动作，请放低腰部，让双手离开。用左手从后方抓住他的左侧腰部（上图1，2），把右手放在他的小腹前面，手指朝上。此时，你会试着抱住他，而他很容易跳起来躲避你。在这里，将你的左脚向右侧的外侧推进到他的大腿之间（上图3）；在这个动作之后，你的身体会从下前方被推向他，然后用左手抱住他。用右手推着他向上，放低你的身体，把他从肩膀上扔下来，扔到左后角（上图4）。当对手将手伸过腋下欲做腰部动作的时候，如果你能从上方用手控制对手侧腰，那么他将失去行动自由。所以没有变化，在动作相对固定时，这项技术将被证明是最有效的。

如果对手已经通过左侧腋下推动了手，并施加了正确的腰部动作，而且你的身体从腰部被抬起，在抬起身体的同时，你用右手抓住他的前腰带，用左手抓住后腰带。把右脚抬到右边，然后把它分开（下图1）。利用他把你扔下来的姿势，把右腿推到他的大腿之间（下图2）。像上面提到的那样把他扔下来，你把自己身体也放倒在地，就好像随着他的动作倒下一样（下图4）。左手不一定会抓住后腰带；根据具体情况，我在下后方的部分也是这样做的。

• 要领

（1）为了使右脚放松和身体的自由动作更有利，重要的是要在你的左脚从后方划到他的右脚侧面时，按照左脚动作滑动右脚。

（2）右脚滑行时，用左手拉住他并抱着，用右手把他拉起来。确保与每个动作同步，否则，技术将不会成功。

•注意

（1）当对手应用他的腰部时，抱住他的腰部来适应他的迎面而来的姿势。放下腰，好好控制他，否则恐怕会被卷进去。

（2）除非滑得很好，否则你会跌倒在地下，并被压倒。

（3）除非你有足够的心理优势去观察对方被扔下的时候，否则片刻放松与力量减小都可能使你失败。

---

26. Osotoguruma 大外车

•要领

无论是右侧还是左侧的自然姿势，选手试图通过诱使对手用脚跟支撑重量来攻击他。选手抬起并拉伸一条腿，并迅速将其放在对手腿的后面。以腿为支点抬腿，像转动轮子一样将对手摔倒。这就是大外车（Osotoguruma）。

•练习

当两者都以右侧的自然姿势交手时，左脚与身体一起靠近对手右脚外侧（图1，2），用左手将他推到右后角。用右手把他推到后面，迫使其用脚跟支撑身体的重量。拉伸并抬起右腿，使大腿后侧贴近对手的右后腿和下侧的膝后窝（图3）。然后，轻轻地扭转身体和扫腿，将对手扔到右后方。这时，一定要用左手紧紧拉住他（图4，5）。

•要领

身体尽可能地轻。左脚上步至对手右脚外侧的同时，要从后方将其摔倒，迫使其将重量转移到脚跟上。

•注意

该技巧是通过接近对手的外侧来应用的，因此除非有充分的把握能破坏其姿势，否则你有被回弹的可能性，一定要确保能打败他。

•评点

（1）当双方都以右侧的自然姿势交手，并且把该技术应用于他的右脚时（下图1），他有时会抬起右脚来躲避你。此刻，通过更多地伸展右脚，并放于对手后大腿内侧下端，可证明该技术是相当有效的（下图2，3）。

（2）另一个有效的方法是用左脚从后面扫他的右脚，让他的脚向前滑一步：当你拉伸脚的那一刻，把脚伸到他的左脚后大腿内侧的下端，然后把他摔倒在地（下图1，2）。

（3）如下图3所示，为了以正确的下降方式进入，你将尝试使用左侧小外刈（Kosotogari-skiki）对右脚进行扫足，并引导对手右脚向内移动一步以保持平衡。而且可以通过右侧下降的动作把他扔到后面。

27. Ukiotoshi 浮落

•要领

尝试从前方破坏对手姿势，而对手会侧移以保持自己的姿势。利用这种惯性远离并抬举对手。然后，他将会翻滚至前角。

•练习

当两者都以自然的姿势交手时，假设你正在引诱他后退，比如，一步一步后退了好几次。然后对手会相应地一步一步前进来保持其姿势，尽管有可能被打破（图1，2）。此刻，化解对手迎面而来的惯性，将左膝贴近地面来阻断他（图3）。把他拉至其右前角（图4～6）。

•要领

要控制你的手，必须与跪下的动作同步，而且一定要确保攻击他并把他扔在小脚趾的那侧。

•注意

当你的左膝下垂时，他的右脚可能深入你的大腿之间，或者离你的膝盖很远，这是不正确的。当你跪下的时候，注意踮起脚尖，如果没有踮起脚尖，恐怕你的平衡将会被打破。

跪下时，不要倾斜太多。如果这样做，你会自然而然地扭转和拉扯他，从而产生不自然的折角。

•评点

在一个实际案例中，正如上面所解释的，如果没有拖动那几步，一个动作足以将其抬起。无论如何，把左脚稍向左侧移动，然后用手的强力把他拉倒在左前角。

---

28. Utsushigoshi 移腰

•要领

当你紧贴对手的侧腰或者当他试图施加腰部动作的时候，这个技巧就是把他抱起来，然后把他拖到后面再摔倒。

• 练习

当双方都处于正确的自然姿势，且对手试图应用右腰部动作技术时，不要与之对抗，而要将右脚略向后部抽出，并使身体上部稍向右倾斜。同时，从左侧腰部骨关节处紧紧地抱住他的腰部并把他摔下去（图3），让你的左臂侧紧贴在他的右侧腰部以防御（一旦将右脚推进和左脚撤回到他的前方，左手必须拉动并抬起他）。保持左右侧的动作同步来拉动他，给左下腹部增加力量，并迅速向后弯曲腰部〔将他移到你左侧腰部（图4）〕。当完成这些动作以后，手腰同步，将他摔倒在右前角（图5，6）。

当他用左侧腰部动作对抗你的姿势时，这种技术是最有效的。

当他试图用腰部动作或技巧来对抗你正确的右侧姿势或右腰部的动作时，你会像现在一样把你的腰放低，然后通过弯下你的后背来把他高高抬起（下图1）。当你这样做的时候，你会把他扔到前面，扭腰向前。

• 要领

重要的是，当你抱着他快速上跳时，在你给腰部力量的时候，要将他从后腰移开。

• 注意

为了剥夺对手自由地支撑他时，抓袖子比抓直门更有效。

• 评点

不一定要等到他用腰部技巧，你可以先猜测他的策略，可以靠抱住他的腰部将其抱起，然后再摔下去。

29. Ukiwaza 浮技

• 要领

无论是处于自然的姿势还是与四臂相交，要么利用他身体倾斜的势头，要么当他前进的时候，通过破坏对手身体平衡将其扔到前面的角落里。一边把身体向后转，一边拉住他的上身：仰面而躺，身体倾斜大半，把脚尖放在大腿内侧作为向下的枢轴把他扔倒，使他完成一个彻底的旋转。

• 练习

在正确的自我防御姿态下，右脚退后一步，右手拉动对方的同时把脚撤回，以便让他的左脚前进（图1，2），趁着右脚上步，用左手抱住他的手臂来完全压制他（图3）。把他拉到右前角。当你的重心集中到脚跟时，将身体稍稍向左后方倾斜（右腿保持向地面弯曲），给右下腹部增加力量，向后弯曲身体。沿着拉动方向，自然拉伸左腿，像拉杆一样。当你抬起和移动他的时候，加强左手的拉动，并把他扔到左后角。你在放低身体时，右脚靠近左后大腿。

• 要领

当你的身体向后倒时，用旋转的方式把他抬起来。在手臂快速拉动的同时将腹部向后弯曲。

• 注意

当四臂相交时，注意膝关节不要相互重叠，而且当他的重量放在小脚趾侧时，他必须被抬起。

• 评点

当你试着抬起和攻击他到右前角，且两人都处于右侧姿势时，或者当他身体向后弯曲时，不要忘记利用他的动力：主动采取行动使他浮动。右手插入他的左腋窝，或应用如上所述的技术。在自卫的姿态下，在身体一半倾斜的情况下，或当他迫使你向后推时运用上述技巧（下图1～5）。

30. Taniotoshi 谷落

• 要领

假设双方握拳处于自卫姿势,左脚从对手右脚侧斜向后滑,迫使其依靠脚跟保持平衡性。并使其跌倒至右后角,就像滑入山谷里一样。

• 练习

假设双方握拳处于自卫姿势,当你尝试从前角去抬起他时,他有时会把平衡集中于左脚跟来与你对抗,并后滑右脚将你拉住(下图1,2)。此刻,你要配合此动作,并利用他的脚步变窄,左脚放至他的后方,迫使他靠右脚跟来保持平衡(下图3),降低右膝内侧。做出这些动作的同时,使对手跌至右角,(下图6),左手拉(下图4),右手推(下图5)。

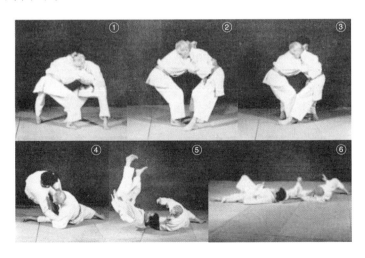

• 要领

（1）重点是你撤回脚的速度要比对手快。

（2）当身体滑落时，你要确保该动作能使对手跌倒至其右后角。

• 注意

（1）在身体滑倒的同时，松开右手。把手伸到他的腋下来把他推开，你就可以把他扔到很远的地方。

（2）如果你试图在他处于前进姿势的时候匆忙下滑，那么你可能会失去平衡性，或者会遭受他的大外刈（Osotogari）。

• 评点

当你滑倒时，最好保持上身与上肢之间的角度为70°。

---

31. Yoko-otoshi 横落

• 要领

假设两人都处于正确四臂的自卫姿态。而且，你的左脚在与大腿内侧或腿的前侧相接触的状态下滑动。抓住并控制对手的身体到其左后角，以便你的身体滑动一半的长度。使他踮起起脚尖，让他跌倒在他的右前方。这是一个很大的技术。

• 练习

当你试图用四臂右防身姿势把对手拉到右前角时，他很容易通过加强右脚的力量以保持姿势（图1，2）。在这个瞬间，试着用双手牢牢抓住他，以便将你的体重压向右脚跟。然后你的右脚会自然弯曲地踩在地板上。左脚滑倒到几乎可以接触到大腿内侧或右腿前侧的位置。将身体扭转到左后角，身体的长度可以缩短一半，然后左手拉动他，并推出一个很大的角度，可以将他扔倒在他的右前方（图3）。

• 要领

把你的平衡放到后面时，重点在于快速滑倒。

• 注意

（1）把手放在腋下，如果没有，就用一种内拧的方式拉动，这种把戏不但不稳定，而且还会担心自己的肩膀被对方撞击。

（2）在正确的自我防御姿势下，一些选手将通过抬高右脚而不是踩地板来应用该技术，这不是正确的方法。

（3）形成半身长，给腹部力量，双手的抱力会按照身体的管理自然松开，所以，如果你继续抱着他，你将不容易掌握自己的身体，所以要打开他的肩膀。

• 评点

（1）当你滑入时，上身与侧腋窝上肢之间的角度变为 120°。

（2）简单地说一下 Ukiwaza（浮技），Tanilotoshi（谷落），Yoko-otoshi（横落）：-Ukkean 通过利用一个推动动作将他推到前面角落来应用；Taniotoshi（谷落）利用一个拉动动作把对手放到后面的角落；Yoko-otoshi（横落）通过避免身体靠近、撤退、拉动和收紧，使他侧身落地而将他放倒在他的身边。

32. Yokogake 横挂

• 要领

自然站姿下，只要对手把其身体的一半在伸到右前侧，你便可以把对手完全抬起。在通过让自己的左脚底去横扫对手脚背略低于脚踝位置的瞬间使自己后倾。同时瞬间加强自己手上的拉扯力以便顺势把对手推倒到自己的左侧，使其后背着地。

• 注意事项

当对手被摔倒时，两个人的相对位置应该是两个人并排躺着且都面朝上（下图 5，6）。

• 练习

自然站姿下，向左后方稍微后撤左脚，随后逐渐后弯身体并开始转移身体重心至左脚后跟外侧。同时，用向后拉扯对手的左手方式从其右前侧打破对手的身体平衡并上推对手右手从而抬起对手。

身体管理和双手的动作，再加上你左脚的退后，这个动作使他的右脚将被迫保持在其外部的姿势，自然平衡将在右侧角落（下图 1，2）。这一瞬间，你的右脚将接近右脚尖，然后按照左脚退出的方式前进。然后像滑竿一样滑进你的身体，就好像让自己变瘦一样（下图 3，4），身体向右下方外踝的左边半弯，就好像把他抱在手臂下一样。然后用左手的力量把他扔倒在背上，右手推上去（下图 5，6）。

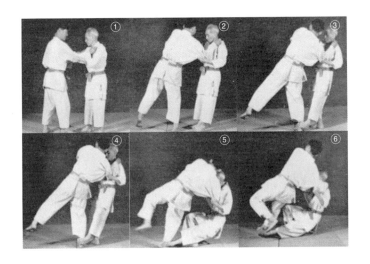

• 要领

这个动作是在你后撤自己的时候把对手拉倒至其侧方，因此重点在于拉并且上抬对手的上半部分身体，让其前腿膝关节前伸，其平衡后移至脚后跟外侧。

在踩对手的脚时，重点在于给到一个横扫的爆发力且用脚底的外伸作为支点摔倒对手，运用好身体后撤的惯性。

这个动作时把对手摔倒且使其后背着地，因此在你把他拉倒的时候你的手应向上拧对手的领口。

• 注意

横挂对于有敏锐意识的选手来说是上佳的动作，但是很多人却不得其精髓。不能完美掌握的原因如下：

假定双方都在正确自然姿势，很多人只是在对手右前侧打破其姿态，却依然保持重心在右脚上，又或者一个选手和其对手必须通过自己左脚对对手右脚的横扫随后一起倒下。然而，尽管如此，参考之前的做法，想要在右前方抬起对手，需要上自身抬且牵引对手的上半身时才是最好的时机。

• 评点

在对抗敌手的正常自然姿势时，处于正常姿势的你下意识去抓住对手的一个领口。在把对手拉扯至其前侧方时逐渐增加右脚上的力。在你的左脚滑至对手右脚前方时，右转并向后弯曲身体，迅速横扫且前推对手的左脚外前踝，再用你的右脚掌逐渐进行上抬动作（下图1、2）。把对手摔至其左前侧，用你的双手，就像旋转螺旋桨那样，在摔倒对手的同时，以其腰部为中心将其背部旋转朝地（下图3），那你可以使用这个动作了。当对手绕到你左边或者右边时，以上给出的方法被证明是最容易成功的。

准则五

33. Uranage 裏投

• 要领

当对手先攻击时，向左或者向右下俯半个身位，或者在他前推自己的腰时，从左或者右抱住对手的腰，你必须注意自身的闪避，并下探半个身位到对手前方的腋窝下而放空自身后方。当开始抱对手的腰时，后撤并下弯自身，这个动作是过肩摔。

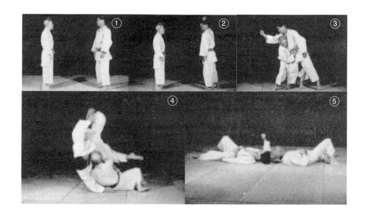

• 练习

（1）当对手先出右手，快速下俯半个身位（上页图2），并把左脚滑至对手右脚的外后侧，快速把脚伸入使得对手的腋窝贴紧你的左上胸至左肩的位置。此时，你的左脸紧贴对手右胸。用左手握住对手后腰带从左侧腰抱起对手，此时你的右手手指朝上，手掌放在对手右下腹位置（上图3），再跨过自己的左肩把对手投摔至其右后侧，给下腹一个爆发力并开始向后下倾自身（上图4、5）。

　　若你和他之间有一定距离，左脚可向右更进一步，到他的右脚前方，以保证彼此之间的紧贴。

　　当你左脚成功滑到位，不管从左前侧还是右前侧上抬对手，这个动作都会是有效的。事实上，一个更简单的方法，当两人都在自然身位时，通过用右手拉扯对手的袖口，可诱使对手的左脚前迈，这样动作便可很好实施。

　　（2）当双方都处于正确的自然姿势，对手以右腰为盘来上前攻击，此动作实施不得利用对手向前冲的动量，但在避开对手攻击后，你可以利用他的腰接触你的时候来实施这个动作。因此，靠转移重心来随机应变，若对手把右腰向前探得太深，你后撤时，要将你的右方身体打开一点，把你的腰和左胸贴到对手的右前侧腰的地方。右手自然缩回至前方右下腹的同时，左手伸到背后抓住腰带来抱住对手左腰。把右脚后撤到对手右脚前方（图2），给对手的下前腹一个爆发力，左手横扫，右手以前腰为中心上推对手。然后，把对手从头上投摔出去（图4），转身并后撤自身（图3）。

　　若对手的腰很窄，在他的腰前攻时，你可以通过后撤你的左脚来实施这个动作。因此，可以想到这个动作在他以右腰攻向你的左侧，或者以左腰攻向你右侧时最有效。

　　（3）若你实施的动作稍微深入到他的后方，通过下俯身体把对手上抬，用对下腹的那股爆发力打破其平衡而使其后仰（下页图2），你几乎可以把对手从肩上投摔出去（下页图3、4）并使其背部着地。若成功实施这个动作，那会非常有效。但若缺少经验会使得头部受伤，应格外小心！

• 要领

记住把你的重心放在对手的重心之下，且应从对手的身形来判断施力点。

与对手接触，并用施加在下腹一股足够强的爆发力来获得上抬对手的动量，甚至使对手两脚朝天。

• 注意

除非你曾成功地实施过这个动作，否则在你抱住对手时，对手会用内股（Uchimata）或者跳卷込（Hanemaki-goshi）。

在自由赛中，当你抓住对手袖口时，你或许并不需要抓住手就可以控制住对手。

• 评点

正如顺势而为的情形，若对手用右腰上前攻击，可以深一点抓住对手的侧后腰，通过放低自身重心并后倾来上抬对手。通过其左腋投摔对手，而两者都会并排倒下，这一点创造一个进攻的机会。

在自由赛里，假设对手用右腰前攻而露出后背，你绕到对手的后方，把你的右手放到他的右腰，反向抓住对手的后领。抓住衣领的下部并向后右腰拉扯。然后，稍微下低你的腰，只要你能抱住对手就控制住他。在你右脚前移到对手前面时，实施动作（图2），给下腹施加爆发力，那么便会展现出一个华丽的投摔。

---

34. Sumiotoshi 隅落或者 Kukinage 空气摔

• 要领

这是我自己的理想创作之一，就是在不触碰对手身体任何部位的情况下将其摔倒。

换句话说，仅凭肢体而不触碰对手任何部位就能将其完美摔倒。最初，要按照正确的顺序抓住他的袖子；以自卫式动作把自己的身体推到他的右边或左边，降低平衡，给小腹部施加力量；将其推倒并打破其后方或侧方的平衡，就像画了一个大圆圈一样。

• 练习

（1）假设两者都处于正确的自然姿势。最好是抓住他的左侧直门，抓住两只袖子会更好。因此，本书主要解释抓住两只袖子的情况。右手拿下其左肘下部；而右脚靠近左脚跟，在右前侧将其拖住（图2）。在用身体上部加强小腹力量并降低平衡的那一刻，你要使对手的左脚前进。在翻转并摔倒他的同时将左脚移到其右脚边。腰部稳定时，左手拉动并打破他平衡，右手推他（图3）；然后立刻摔倒他。

（2）在与上面相同的情况下，左脚上步至对手右脚外侧，使其左脚前移。这样做时，如果你在你的左脚之前跨你的右脚，你会像上面提到的那样，右脚放于左脚前将其扔出去。这样可以使你有效使用该技巧。

（3）通过脚尖指向来固定前进中的姿势。当后脚稳定时，腹部会自然加强力量，腰部稳固。

（4）在练习中（图1），当右脚移动时，左脚必须在预定位置上，并且（图2）当左脚在预定位置时，右脚应该在左脚前方。这种快速的适应性是非常必要的。

• 注意

假设你会把他扔到右边，他有时会以右脚跟侧与右脚外侧作为支撑。然后，后者相对容易下滑。因此为了达到后者的效果，你应该把他彻底向前拉并推开。

• 评点

在正确的自然姿势下，向左角方推动和打破对手，而右脚靠近对手的左脚尖（内侧或外侧）并且在身体稍下降的情况下用上双手（图2）。利用对手恢复平衡的惯性被打破的机会，把左脚收回到后面（图3）。打开身体，双手拉扯，你可以华丽地把他放倒在左侧（图4）。

当对手为了恢复稳定而前进，你将其摔倒有点妨碍自己左脚时，放低腰部，用技巧将其放倒在右后角。

左图显示了身体刚稳定时的样子。单人反复练习时要注意这个姿势。

---

35. Yokowakare 横分

• 要领

此动作要点在于当你收回自己的双手时把自己身体绷直，打破对手防御姿态并使其有上抬趋势，从而把对手过肩摔至你身体的前方。

• 练习

在正确的姿势下，抓牢对手，并想要向上抬起（使重心向上浮动，因而不稳定）对手至其侧前方，对手有时候会试图阻止你的攻击并把你推到左后方。若对手摆出这样的姿势，那就很容易给你反击的机会，你需要及早预备对手的反击。你需要通过后倾来保持自身的平衡（下图2），以左脚后跟为中心左旋身体同时后躬。通过把对手牵拉到左侧打破对手防御，自然伸出右腿并滑到对手右脚前掌的外侧（下图3），快速把上半身上抬半个头的长度到略低于对手头的位置（取决于你自身身体的弯曲程度），这样你就可以用你双手以右腰支点把对手经你身体上方（下图4）投摔到其右侧方较远的地方（下图5）。这个动作在对手上前一步或者数步的时候尤其有效。

• 要领

要点在于你接触到对手时，快速、及时地化解对手对你的力道。

当投摔对手时，你的前臂必须要在对手腋下，否则，会错过最佳投摔对手的契机。

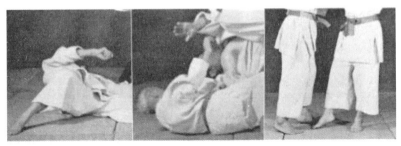

your body must be half
bending backward

Note how your elbow is
squared when throwing
down the opponent

Foot position

• 注意

在你伸出右脚并向下俯身时，注意左脚跟的重心要在右脚的移动完成后自然地前移。

在完成对对手的投摔后，自己的身体需要向后弯半个身位。

• 评点

当你以自然身位试图牵拉对手到右侧时，对手会踩在你的脚上以保持自身防御状态。当对手大迈步时，你可以后躬身体，以你受力脚或者起始发力点为支点，以想要抬起对手作为佯攻。如果对手小迈步，你的左腿会在前侧方处于优势状态（右图2），然后对手会被华丽地击溃。前者是一种 Uhkwaza（浮动技巧），而后者是一种 Yoke-Oostoshi（侧摔）。但在这个招式里的过程叫做侧部上抬佯攻和侧部侧摔。此处提及仅作为参考。

当对手处于左自然位而你在右侧，你需要把右脚滑伸至对手左脚内侧并把对手牵拉至他的右侧方。然后对手会把他的右脚滑至你的大腿内侧。此情况下则建议图1依然适用。

36. o-guruma 大车

当一个小个子选手去摔一个大个子选手时，明智的选择就是用点技巧。所以我研究了很多技巧，用大技巧来放倒一个大体型选手。一个大个子选手的重心自然比一个小个子选手要高，相对而言，他更容易被以身体为中心的圆形（轨迹）技术浮动和放倒。因此，我认为抓住对手的外圆来进攻是不可取的，于是我发明了现在这种技术。

• 要领

（1）当你在对手的右前角想要破坏对方的自然姿势并浮动对手时。根据身体自然运动，将你的左脚向对手左脚外侧移动对你使用浮动技巧非常有帮助，但在这样的情况下我们不需要旋转。Harai goshi（扫腰）或 Tsurikomigoshi（钓込腰）是一种投掷动作。所以，我们在这里需要解释此动作不同于这两种投技的形式和意图。

（2）为了保持稳定，彼此以自然式相对站立，当你试图从他的右前角打破他的平衡时（图2），他会倾向将左脚向前迈出一步。在这种情况下，读懂他的意图同时拉住他的双手，使他被迫用两脚尖保持稳定，此时浮动并攻击。在你的右脚向右移时，同时你的左脚以左转弯的方式（给你的腘窝留出一定的空间）向他的左脚尖移动抬并高右脚；在这一瞬间，以你的右脚（图3，图4）和他的前腰作为固定点将对手移动并转到你的前面；迈出你左脚的同时拉动右手使他悬空，通过抓住他的右腰部拉拽让他被扫起来（图5）从而把他放倒在前面（图6）。

• 要领

（1）通过迅速侧身以让对手悬空是这项技术的要点。

（2）当你的左脚向对手的左脚尖方向移动时，你的右腿必须迅速越过他的左前腰。

（3）同样重要的是，向左伸展的肢体部分必须以滚动的方式向上扫。

（4）使对手浮空的动作必须是连续的。

• 注意

（1）一般情况下，选手伸展身体开始行动时，如果只是把身体贴在对手身体左侧，这样动作会被中断且暴露意图，并且会有被对手利用这种机会的可能，这将无法破坏对手的平衡。因此，学习者应该通过不断练习来掌握这一技术的节奏。

（2）在调整你身体的时候，自然地把袖子依次卷起来会比较方便行动。

•评点

（1）当你试着调整到适当的姿势想将他摔倒在右侧时，他会踩在你的脚上来维持自身稳定。当他跨步迈过来时，用你紧绷的那只脚作为起点或支点以浮动方式向后弯曲。如果他的步伐很短，你的左腿就必须向你的前侧倾斜（图2），这样他将会被巧妙地击倒。

前者是一种 Uki-waza（浮技），而后者是一种 Yoko-otoshi（横落）。这种技术产生的过程，就是我们前面提到的侧向浮空和侧向分离。

（2）当对手处于左侧自然姿势，而你处于右侧自然姿势时，用力把他拉到你的右侧，同时将右脚滑到他左脚内侧。然后他会把右脚靠近你的大腿。在这种情况下，使用前面所提到的攻击方式就非常有利。

37. Okuri-ashi-harai 送足扫

•要领

一般来说，有以下两种不同的情况。假设两者都处于自然姿势，并且都处于从右开始的攻击中，当你诱导他走到左前方时，用你的左脚扫他的右脚，力度就好像要扫他的两脚一样，利用他左前腿移动的时机，把他直接扫倒。

假设双方都处于常规的自然式。当他在左后角推动和浮动的时候，把右脚推进至他的大腿然后抽开。也就是说，当你能感觉到他两只脚都在一条斜线上时，用你的左脚掌向他的右脚扫开。

•练习

举例解说当对手被诱导时被推到左边和被推到左后角的案例：

（1）双方都用自己的右手抓住对方的翻领，并且左手抓住对方中袖的外侧。此时把你的重心稍微降低，一方面是为了引诱你的对手使用浮技和摔倒，另一方面是为了更好地方便你发力。在你的诱导下对手为了避免动作跟不上节奏以及出现不利局面，会一直向左侧前进。此时，利用他的自发运动让你的动作与之同步，你的左手绞动起来，右手试图使他悬空（下页图2）。

（2）同时，左脚底扫他右脚外侧足跟上部，就像要扫掉他的双脚一样用力。这个瞬间以弧形的方式迅速地收回你的手（图3），因为当时使用的下拉力量必须在身体的前中心，而对手必须在靠近你右脚尖（图4，5）后面的一条直线上。如果这一技术由彼此的动量形成了一种波浪式的沉降，那么他将在你的右前方以左侧被动旋转一圈的方式被击倒。

（3）当双方同时处于正确的自然式时，你试图迫使他在其左后角摔倒，那么首先你需要降低重心（下图1），用你的脚紧挨在他左边前方附近，你的右手拿着对手衣领向上推，同时左手用力向上提（下图2），然后他的下肢就会开始撤退，此时抓住时机，将他的右脚外侧踝关节上部和脚踝前端扫开，把两只脚扫成一条直线身体向后弯曲。然后把他扔到你的左前方，同时迅速改变俯撑的手为下拉（下图3）蓄势。如果他开始移动到侧面或回退到自己的后方角落，利用他这样的动作，应用上述技术能既容易又巧妙地放倒他。

• 要领

（1）假设你试着把他引导向左边，他的左脚在被诱导时会移动到你的大腿之间或者在你的右脚外侧；在这种情况下，把他的右脚扫开是没有用的。这种技术成功与否的关键点在于，当你的右脚和他的左脚并排或至少当他在你的一侧时（下图4、5），在你横扫的过程中，让你的右脚在左脚扫过之前将右脚扫过。

（2）当他的脚已经被扫动后，必须试着随之浮动起来并使他倾斜，这样他的脚就会浮起来。

（3）重点是在扫踢和摔倒他的瞬间要狠，就像能扫掉他的另一条腿一样。

• 注意

横扫的力量来自腰部，从腰部回来的脚以及在扫过他脚后必须把你的脚放得比原来的地方稍靠前一些，而且姿势要稍微偏右。

• 评点

介绍以下两种不同的形式，作为在自由练习中使用上述实战案例的好例子。

（1）双方以正确的自然式交手，按下图 1 的方式，将他引导到侧面（下图 2），将你右脚的上半部分从他左前方移走（下图 3），用左手把他拉下来，右手把他往下推（下图 4，5）。此时只要双手同步运用，这个技术就能巧妙地把他扔到他的右后角。我们可以称之为"送足 - 小外刈"（送足小外刈）。

（2）假设双方都处于正确的自然式，或在适当的情况下。将你的左脚一点点靠近他右脚外侧的后面，这个瞬间，让他通过拉你的右手以你的右手拿过去，让他向你的左脚边迈一步，按照圆周运动扫击他右脚外侧。这样，这项技术就能得到很好的发挥。

38. Sumi gaeshi 隅返

• 要领

以四臂防卫姿势握紧对方，抱紧并悬空他，将你的身体降至他的腹部下方，并趁机占据身体所形成的圆圈的下端位置。这项技术是从内侧将脚背放在大腿上使对手弹起，并把对手从头部摔倒在地。

• 练习

通常情况下，选手都以四臂防卫的姿势握住对方。你自然地将双手绕过他的袖子左手穿进他的左腋窝，右手掌放在他的脊柱上部（图2），通过拥抱的方式把他拉过来，此时他的位置会稍微偏左，他的左脚会打开并向前迈进。这样做的时候，你的右脚所在的位置离他左侧不远，即在离他的向前迈进的左脚不远处。当你把他拉向你的时候（图3），他的右脚自然向前迈一步，然后在他的左脚迈向你的右脚时，他的身体就会在右前角被浮动，此时用你的左手拉并让你的右腿向上发力，使你的身体形成圆弧，把右腿的脚背放向他的左大腿内侧。当你的后腰碰到地面时（图4），他将从你的左肩翻到你的后部，迅速提升后腰（重心上移），同时加强你脚踝关节前部的力量（图5、6）。在这个瞬间，位于左边的选手抱紧他的右臂不放，而你紧握他的手（与右脚的动作同步）将他推向相同的方向。这样，他的手臂自然就会从你的左腋窝抽出来，而且他会被狠狠地摔下去。如果他没有在四臂自卫的姿势中移动，抱紧对手并让他腰部向下沉。当他在其右前角浮动时，你便可以将左脚切入进他的大腿内侧来应用这项技术。

• 要领

当你把对手抛下的那一刻，他坠下的身体也会将你拖倒。所以你应该用手抱住他的手臂，另一只手放在他的脊线上，下沉你的腰以此来保持与他的接触。

• 注意

在手臂用力抓他的姿势中，不要抓住他的腰带，因为非自然的张力是在让对手悬浮或上升的动作中产生的。再者，初学者应该注意，当腿踢到对方大腿内侧时，避免碰到对手的（男性）睾丸。

• 评点

在对手处于非右倾四臂防卫姿势时，将对手的右脚诱导引入你大腿内侧的技巧是非常明智的，但在其他情况下是不利的。

---

39. kata-guruma 肩车

将你的一只手臂切入对手大腿根部，你的肩膀顶住对手下腹，用力拉拽，再配合腰部向上顶，将对手抬起，这一刻，这项技术会让他身体（从一侧以弧线轨迹）被高高的顶起来，再（从另一侧沿弧线轨迹）被抛下，就好像让他的身体以你为支点画一个圆圈一样。

• 练习

假设两个人都处于正确的自然式，你稍微向左边移动一点，将对手在你的右前角浮动并抬空离地，他会张开双臂，此时下沉你的腰，把右腿切进他的大腿之间。同时将你的右手伸入他的大腿内侧并穿过右腰部的内侧，这样，他的下腹部下端与你的右肩有近距离的接触（上图1，2）。利用这套动作，把你的头伸进他的腋窝，你的左手必须握住（对手）左腋并向下拉。随着腰部向上顶，让他右肩在你的左侧方向被抬起，然后以圆形轨迹把他扔下去（上图3，4）。

如果他向你的左脚方向前进，那么你要在左侧中断他的动作并打破他的平衡，然后依照前面所述的动作，将他摔倒（下图2，3，4）。如果你在两人相距较大空间的时候应用这个技巧，应将你的右脚贴在他的大腿上，并把他拉到他的右前角。这时，你的左脚向他右脚的外侧靠拢，采用技巧把对手的腰用手拽牢并用力向上拉，将对手抬起并摔下。

• 要领

要趁对手腋窝张开之际将他浮动并抬起。另一个要点是用肩部将对手抬起并放在腰背上，这一过程需要借助屈颈的力量。

• 评点

若你试图在正确的自然式状态下从他左侧进攻，并将他扛上肩膀摔下来，你需要用脚紧紧将他的左脚卡在外侧，并用自我防卫（防卫卷）的形式弯腰，同时用身体和手紧紧抱住他的右大腿内侧（右图1）。用右肩顶住对手下腹，以便你的头部从他的腋窝脱出。按照上述这样，你将他左手拉过来，然后把他扔下来（右图2）。

若他处于最左侧的姿势，则用你的右手从他的左大腿内侧插入，并将身体弯曲下降到他的臀部高度，同时用左手推他，并让你的脖子后部抵住他的右腋窝。当你伸直腰身的时候（下图2），便能把他扔到你的左后方角落（下图3）。

在一场比赛中，有时候你会手握着对方的袖子半倒在地。这其实给了你一个机会，在你恢复自己姿势的同时，支撑起你的右腿（保持左侧不变），并把它插到对手的大腿内侧。此外，通过拉拽袖子或翻领来使他抓握你的手变得松动，便可以让你很轻松地切入他的身体内沿。

40. Sotomakikomi 外卷込

我们有两种不同的卷入技术：一个是内部的，另一个是外部的。在此我们先解释外部卷入，另一种则在后面的参考技巧中进行讲解。

• 要领

在对手的前角上浮并突破。把他的前臂放在你的手臂边缘以下，让他的前腋窝碰到你的后腋窝，你的臀部从他的身体内侧移出，然后通过圆形轨迹动作使他的身体画出弧线，把他和你一起扔到后面。

• 练习

若双方都处于正确的自然式。松开你的右手，并在对手的正前方浮动和破坏对手平衡的瞬间（图1），把你的身体从他的右脚前绕到他的外侧，这样他的前胸就会向自己的胸前和下腋窝以及你右后方的腋窝和背部倾斜（图2），同时你的臀部从他的身体里抽出，因为这一技巧主要是把他从你的后方摔向前角，因此在这种情况下，你的左脚必须向左转，并用右手握住他袖子的内侧。否则当他身体沿弧线摔倒的时候，你的前额也会碰到你的左脚尖。

当他很容易被摔倒的时候，你就没必要自己滚下来，只需让他滚下来。但在大多数情况下，你会和他一起滚下去。

• 要领

你一放开手，就需要迅速把他卷进自己的身体。力度需要让对手不足以解开它，要用冲力才能拉开：重要的是给他这个拉开的冲力，在它通过高点时用胳膊抱住并绕过他。

• 注意

卷起并摔倒的对手的力道强度与你的腿切入对手身体的角度有关，当你踮着脚切入并将对手卷进自己身体的这一刻是比较危险的，此刻他对你可以施加最大的力气，因此你必须计算好角度，不然就会被对手从后面锁住喉咙。

• 评点

这是另一种方法，当对手在你身后时，你可以更好地运用这项技术。在正确的自然式下，当他在其右前角被抬起时，松开你的右手，你的右脚不断向右转，右手放在对手手臂下面，身体与他的身体保持着紧贴。然后你可以把他顶到你的腰上，但这样做对初学者来说相当困难（图1-3）。

专题 | **固技（固技和限制技术）**

固技（Katame-waza）是在立技（Tachi-waza）和 Ne-waza（寝技）之下，对押込技（Osaekomi-waza）、绞技（Shime-waza）和関节技（Kansetsu-waza）的联合技巧总称。

固技（Katame-waza）是柔道技术的重点之一，与立技（Tachi-waza）都是不可或缺的，必须投入精力和身体训练。

固技技术相辅相成，基于"柔"的原则提出了基本原理，并因其原则而服务于原理，服务于胜利的目的。换句话解释，根据对手的动作，快速的由一种形式的抑进，压制（Osaekomi）转变成另一种形式，比如从拧变化为关节的技巧，或者轮流的变化技术。

袈裟固（Kesagatame）

袈裟固（Kesagatame）由本袈裟（hongesa）、崩袈裟（Kuzushigesa）、横袈裟（Ushirogesa）和裏固（Uragesa）组成。以下是对四种形式的解释：

---

41. Hongesagatame or hongesa 本袈裟

• 要领

如（下图1）所示，本袈裟是在背对背时将对手固定在地板上的技术。

• 方式

右本袈裟（下图1）。

紧握住对手的右前臂，并将其夹在左腋下。将对手推入右肩下方，以便你的右大腿前侧和内侧控制其后腋上部。将你的左腿跪在地板上帮助身体平衡，保持好平衡使他的腋下下半部分和胸腔紧贴你的后腋窝。这些动作成型以后，再在他的左肩上部和后颈深处滚动，像（下图1）或（下图2）一样控制他，他将被控制自由，而且无计可施。

• 要领

重要的是要控制住他的胸部，并用手臂用力缠住他的脖子来控制他。

• 注意

1. 不要忘记将腿推到肩部下面以防止手臂松动。

2. 如果他试图强行向左侧抽身，请注意你的手臂的内侧不要离开他的肩膀，手掌必须撑在地板上（下图3）。

42. Kuzushi-kesagatance or kuzushigesa 崩袈裟固

如左图1所示，右膝跪下（根据他的动作，保持膝盖骨与他的侧面接触），将他脖子后面的翻领从脖子下面拽出。用你的右前臂内侧控制对手左腋窝下方同时将右腿推进至其右肩的下部（下页图2），当使用这个技巧时，你必须将他的手臂紧紧箍在你的左腋窝下。

如果他想用力把你拉到他的左边，你必须把他的头保持在右侧，同时把他的腰往下压，这是实现该技巧的另一种方法。

如果他不屈服（下图4），那么把你的左腿移到他的喉咙前方（下图5）：在对下腹加大施压，稳住身体的同时上半身向后弯曲一点，他抱住你身体的右臂就会处于反关节状态。若他抬起上半身，你必须抓住他的腰带或其他部位以防止他逃跑。考虑到如果他会逃跑的情况，你必须采用交叉的方式抓住他。

如果他试图把身体上半部分抬起来控制你的右臂，你可以将你的左腿迅速地伸进他抬起的左背上（下图8），控制和绞紧他的右臂和大腿内侧，并加强左下腹力量，你的胳膊便会安全。如果他试图抽出右臂而把左臂调整为放置在你胸前的姿势，此时你的手臂穿过的颈背抱住他的左右腋下部分，便会剥夺他自由行动（下图9），有时他会提高身体的上部与右手肘在地板上逡巡，控制住他的右胳膊和大腿（下图10），就可实现这一技术。

如果对手把左臂插入你的左腋窝，以便强行脱离你的控制，你应顺势而为，然后将他左前部分往下压（图 11），将会达到扭伤对手手臂的效果。

如果他在袈裟固（kesagatame）或本袈裟（Hongesa）中拉出了右臂，或者他用没有被你控制住的部分发力挣脱，你可以通过控制你的手臂的动作来控制手臂，即通过手的动作和右腿来控制对手手臂（图 12）。

43. Ura-kesagatame or Uragesa 裏袈裟固 1

如下图 1 所示，将你的右腰部紧贴到对手的左肩和左颈，右腿穿过对左肩，左腋下夹住对手左臂。把你的肘部顶在地板上，右臂压在他的右臂上，将他压制在你身体下面以便控制他。当你在地面施展该技术时，尽量利用左脚来保持平衡。

从对手右腰间沿图中地面上的两条线往下移动身体，以防止他改变身体方向（下图2）。然后迅速将你的右腿插入他的左腿下方，使身体后仰以控制并提拉对手左臂，让他的手肘被反关节控制。

如果在被控制状态下的对手试图单膝站起，你应该用你的双脚勾住对手的左脚踝（下图3，4），同时将你的右膝盖压在他的左膝盖上，他便无法用右膝来支撑起身。

44. Ura-kisagatame or Uragesa 裹袈裟固2

裹袈裟固技术如下：如图所示（图1 ~ 2），拉紧对手的背部，在右臂下方通过他的左腋窝紧紧地触碰你的右手臂。

•注意

为防止对手将你摔向后方，你必须把重心压在正前方，把对手翻领完全拉紧，同时右手掌心必须撑在地板上，并根据他的动作幅度调整好自己的姿势。

假设他正在努力通过侧身企图强行逃脱，用你的右手按下他的左手腕（图3 ~ 4），然后用相反的套路施展你的技巧。你应该在手上的技巧生效后再按照正确的顺序进行裹袈裟。

45. katagatame 肩固

这是在控制上最常见的方式，与袈裟固（kesagutame）（图1）的初始动作相同。把对手的右臂压制于他脸的右侧，并控制他，如（图2）所示。由于你的右腿在对手前方，因此如果他没有被控制住，你将有可能会被反制。所以，你要迅速调整到正确的姿势，并控制住他。

• 要领

从右侧靠近他的身体，把右臂伸到他的左腋下，并将双手握紧。把你右肩的前端抵在他右前臂的内侧，压低你的前额，并用手臂压制他的背颈和右臂，以此控制住他。如果他反抗，你就把腰放得更低（来防止对手反抗）

46. Kami-shihogatame 上四方固

这一压迫性技巧被应用在交叉途径中。而且，许多形式都将以上四方固（Kami-shilhogatame）或崩上四方固（Kuzushi-kam-shilhogatame）的形式进行。

当他的头低下来向你腹部或其他进攻（图1～3），把他两只手带向他的两个外前臂，下沉你的腰，让膝盖轻轻落在地板上。注意保持你的对称，摆出kocccaps和clbows会碰到他的肩膀末端。根据他的动作，把肘部拧在一起：如果他把身体扭向左边，把你的重心放在右边，胸部靠在他的右前方，通过他的右前胸来控制他（图4～5）。

假设对手躺在你左边的背上。这一瞬间，靠近他的右侧，用你的右臂插入他的右后腋窝抱紧他。握紧并用左手控制他的右手腕，使他的右前臂弯曲。当你用相反的方式抓住他的前腰带越过他的右前臂时，你的左手抓住了从右向左移动的腰带。然后把身体形成上四方固（Kami-shilhogatame），就可以限制他的自由。

---

47. kuzushi-Kami-shilhogatame 崩上四方固

不是握住对方的腰带手，而是将背翻领从左腋下拉出，右手从背翻领穿过右腋窝，如前面（上页图3）所示。然后，降低你的腰部把他的手臂放在腋下。如果他扭向了左边，你就把右脚向右（上页图4），如果向右，则反之。

在做上述（上页图5）时，将他的左臂下拉到左腋窝，左后肩几乎触及你的左大腿内侧：将你的重量压在他的左肩角上。这一技术就得到实现。

如下图1所示，将你的身体置于他的右肩前，以自然或相反的方式握住他的左肩带，右手伸到他的左肩下。在他的右腋窝下伸展右手，并束上他的背带或握紧左手能触及的部分。伸展双腿，这样你的下腹就会接触到地板，从而产生很大的重量。因此，将力量集中在胸部，技术得以实现。

为了防止他把后腰带和右手拿起来，你可以用右手把后面的腰带拉起来，这种技巧将会使他失去腰部动作自主权。

• 注意

当你把腿伸到对手腰部的时候，不要把膝盖放在脚尖上，但是要像在（下图2）那样做。

你的平衡点会更加稳固。如（下图3）所示，在扭动中将你的左臂通过他的左侧的后颈，因为他的头在你的左后方腋窝外侧。采取令他的右上翻领自然或相反的方式，并将右臂穿过他身体下方，通过他的右腋窝固定他的颈背。这是另一种方法。

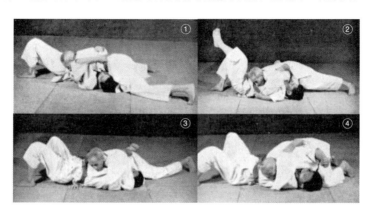

固技（固技和限制技术）

此外，用右手抓住他的右侧腰带，将他的右手放在你的左后方腋窝的外侧，也不失为良计。

• 评点

不论是上四方还是崩上四方，重点是要有效适应对手的动作；你的动作要快速，不论是发力还是减力，都必须使对方发力不畅。

---

48. Yoko-shihogatame 横四方固

（1）这是一个迫使对手交叉的技巧方式（图1）。你躺在他的左边，把你的右臂伸到他的左下颚即可。

腋窝几乎压住他的左肩。控制他的上层翻领以及他的右边带或裤子。你的左膝必须根据他的动作来控制他的左腰。你的右膝必须在他的左腋窝下斜交，并收紧双手稳定腰部，按住他的胸压制住他，如果他用左手攻击你的小腹，你可以通过移动你的右腿和放低腰部来阻止。

（2）不同形式：当你要攻击他身体某个部位时（通常是弯曲和抬起的膝盖），把你的右手臂内侧放在他的左脚踝（图2），然后拉紧你的左后腰带，并且将被控制住的膝盖弯曲和竖立，他自然会丧失自由行动能力。

紧固着对手，从横四方固变为崩上四方固，再变为崩袈裟固，并抓、拉对手的踝部（对手双踝必须被反向交叉）：确将使用不同的变式。

如（图3）所示，用手从他的大腿外侧握住他背带两侧，把他拉过来再翻转；把你的左脚推到他的右臂外侧；此时你的身体向下移动就可以抓住他的左手腕或手臂，放低身体用你用左膝后侧固定住他的右臂，用你的左手抓住他左边的下颚下翻领。这样一来，你的收缩战术会取得良好的效果。

49. Uragatame 裏固

一种攻击面朝下防守对手的技法，首先接近对手（图1，2），将你的右腿伸入对手右臂内侧（图3）；你的左臂通过他的左后方腋窝再斜交，必须控制住他的左臂（与右手的力量同步）当你翻到你和他的相背对时（图4），你面部朝上躺下，把他长时间控制；然后限制他的自由活动，使他像一个倒立的人。

50. Tate-shihogatame 纵四方固

有几种形式：抓住他的后领两侧，用双手在颈后抱住他；长时间控制他，崩袈裟固，或肩固，但是他们有自己的长处和短处，虽然变换花样和技巧很方便，但无论如何对手的双手或其中一只是自由的，所以你的技巧很容易被防守。这里介绍一些行之有效的方法。

• 要领

强迫他倒下，让他躺在你的大腿间。

• Tate-shiho-gatame(Continued)

使出这样一种招式（如要点中提到）的时候，你把双手插入他的腋窝使他的手臂在头顶上方左右伸展开。你的头轻轻地垂下来压住他的头。然后，运用这个招式要把你的两只手折起来，就像把它们缠在他的头上一样。

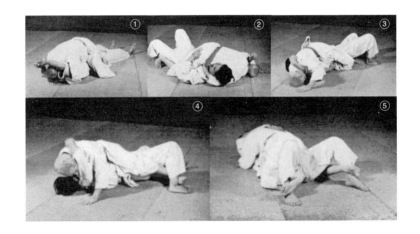

51. Kuzushi-tateshihogatame 崩纵四方固

（1）抓住他的右后腰带，把你的右手放在他的右肩上。你的身体略微向前倾（图3），控制他的右臂，并将他的身体紧紧地箍在你的大腿之间。当你这样做的时候，运用你的左手协助发力。

（2）另一种方法：不握腰带，用右臂把他从右下肩往下拧，这样他的头就会在你的右腋窝外侧。然后抓住你的右手边腰带以稳住背颈。

• 评点

如上图4所示，用左脚跟钩住他的右脚跟，使他的身体侧翻，使他的自由运动被打断，而你的膝关节将会转向。当你抓住一个矮小对手时，他的双腿被你的双腿张开后将丧失自由（上图3）。

• 注意

当你用 Tate-shihogatame 把他放倒的时候，要小心不要因为太用力而把他的脸压在你的腹部，这样有失礼貌。

有两种痛拧：一种是喉咙痛，另一种是身体躯干的痛苦。要把一个对手带进假死状态，就应该用手去拧。然而，有时用手和腿绞扭是有效的。无论是站着还是躺着，除了在边上扭来扭去都是合理的。不管怎样，你的目的是使对手无法动弹，让他丧失攻击力，绝对性地压制住他，并不是要压住或扭转他的腿，扭转并按压身体，让对手疼痛难忍。

---

52. Juji-shime 十字绞

交叉绞扭由一只手交叉、逆交叉、普通交叉和逆侧交叉组成。其解释始于运动员互相摔倒。

• Katate-jujishime（片十字绞）

按住在膝盖之间的对手或单膝跪下来，抓住他的左后衣领，沿着他的左颈背逆用力，将他带回。

• Gyaku-jujishime（逆十字扭）

不同于手交叉的是用双手反手抓住翻领。反手握法会使你倾斜很厉害，右手也会碰到左手，然后拧上颈背；在这一刻，你的身体靠在他的身上，更加紧紧地拧在一起。这样做会导致他的呼吸停止，因为颈动脉就像被剪刀剪断了一样。以防你被扔到一边，在这样的困境中，当你翻身的时候，你把他的身体箍在大腿之间（把双脚紧紧地压在他的身体上），那么你的痛苦就会减轻，他的脸会触到你的胸部。

• Nami-jujishime（并十字绞）

相反地，双手握住翻领，用右手拇指内侧和四根手指在外面像单手交叉绞拧一样拧喉头（左图）。

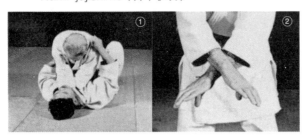

• Ura-jujishime（裹十字绞）

假设你摸到他的右边，用你左手以自然的方式抓住他的右后翻领，右手拿着他的左后翻领，就像他的姿势一样。将你的身体控制在左侧（左图2），将胸口压在一起。然后用双手自然地交叉在对方喉咙上。

53. hadakajime 裸绞

• 要领

这是不管站着还是躺着，只要在不接触到衣服的情况下，将对手的喉咙扭紧的技法。

通过拧喉咙，使他向后倾斜，并用双手握住你的头，以最自然的方式打破他的平衡状态。然后，为了避免这样的情况，你的右臂从他的右肩来到他的喉咙，然后用左臂把他扭起来。然后把他摔到后面，用左膝的姿势扭住他的喉咙来让他的手接触你的右肩上半部分。

• 第一个方式

在站立和假动作的技巧中，运用这个技巧的机会是当你在他身后的时候。假设你在实战中，而对手是用右拳攻击你的腹部（形成右侧的姿势）。然后向右躲闪，将右脚后退一步或向前推进左脚；这一刻，把你的右臂插入他的脖颈一侧，用左臂把它扭起来，把他的颈背贴在你的右肩上。你的右脚靠近他的大腿后部，使他向后

弯曲（适当地调整左脚）。在这种情况下，你的技巧就可以说是精彩异常了，将你的身体稍稍拉到后面，稍微用点假动作技巧。举个例子，当你在他后面走的时候，假设你试图在不把他撞到后面的情况下，不顾一切地遏制住他的喉咙。如果他的腰很灵活，变化的动作就会很容易，抵抗的力量也会更强，他会用力的把你翻过来，然后抱住你的颈背。

• 第二个方式

在第一种情况下，你弯曲左膝盖突出右膝；右手掌放在左前臂或左肩的那一刻，你把右手伸到他的脖颈一侧。当你的手臂弯曲时把你的左手放在他的颈背上，手掌朝前。然后，按住他的右肩并打破后方平衡，你的技巧将会赢得一个胜利。

备注：现柔道比赛中已禁止使用这个动作。

• Mae-hadada kajime（前裸绞）

当他试着对你运用 guruma（车）型（肩旋转），把他的头放在你的腋下，一这样做的时候就按压对方喉咙，你的身体向后弯曲或将他紧紧地夹在膝盖之间。

54. katahajime 片羽绞

如下图 1 所示，跪在对手后面，坐靠在你的右膝上。把你的右手伸到他的右肩，抓住左边的后翻领。把你的左手推到后面的腋窝和左臂上；在此，左手在右边更有效。

将你的身体（图2）向右移动（与前一种相反）而后将左膝和右腿直立起来。然后，他很容易被吓到，以防他反转并为他的逃脱制造缝隙。如果有机会使用这种方法，那就是把他的头拉到你的腹部，而不是把他放在腋下，然后像前面提到的那样拧一下喉咙。他的呼吸会立刻停止。拉紧右臂，你的技术将会炉火纯青。

• 注意

在上面的案例。即使不改变你双腿的姿势，左或右也有可能，但是通过改变它们来施展你的动作将会更有力。

大多数使用这种技术的机会是，当你可以在他的背部按住他，或者站着，或者躺着的姿势。

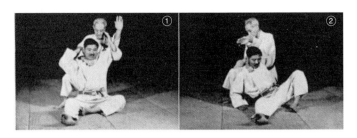

55. ryotejime 两手绞

如图1，2所示，用你的右手抓住他的左后衣领，右后衣领浅，将你的拳头的各指头并排在一起，然后用力拉和拧，他被强迫向下倾斜，他的力量将会消失，并会处于颈动脉的自然压力下的假死状态。

• 另一个方式

双手抓住他的侧翻领的两侧，当你的头在他的大腿之间时，就把他收过来，让他四肢着地。通过抽离你的身体一点或突出一个或双膝用一只手抓住他的喉咙，用力拉翻。让他双手和后脑勺几乎接触你的胸口，如果对手持续挣扎，把他拉到后方，并完全扭压他在你的大腿之间。

56. sodeguruma 袖车

如图 1 所示，当你坐在他身后的时候，用左手抓住他左边的衣领，用自然的或相反的方式。

用右手抓住他的左肩衣服，收手同时后侧一步，使对手身体向后侧下。

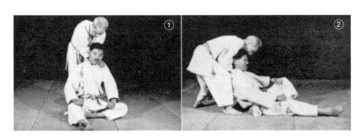

57. tsukkomijime 突入绞

假设你用右手抓住了对方衣领两边，以自然的方式（在拇指的线下）。用右手抓衣领的右边拉紧，把颈脖抓得越来越深。你将使出这种招数（图1，2）。

• 另一个方式

用左手抓住右边的衣领。并用右手按自然的方式拉和拧左边的翻领。

58. Katate-Jime 片羽绞

假设你站在对手的左边，左手放在他的左腋下，然后做向后躺倒动作，这样他的左臂（小指向下）将受到重击（图3）。将手沿右侧的颈背插入，以便侧翻领压住脖颈，同时，拉出右手的衣领，然后用左手将右手交叉。当对手被压在墙上时，这种技术就很有效了。一般来说，在站立的技巧中，你得控制好姿势，否则你会被摔倒。所以，让对手改变重心，把你的腰降低（下沉）很重要。在你的左腋窝之间，并以相反的方式抓住他的左后翻领。那一刻你的右手以自然的方式握住他的右手边（在前面）衣领，当你的身体向左（右大腿在他的左臂以下）（图2）利用转动的力矩和重量，用右手（在触地的右下方）拧上喉咙。当对手四肢着地，把左手放到他的喉咙前面（图1）和把左边衣领深伸。在他左腋窝推右手严格控制他向右边倒，然后你扭衣领用双手压迫对方的后颈背和腹部。如果他持续抵抗，和他扭成一团转来转去，你会像（图2）赢得胜利。

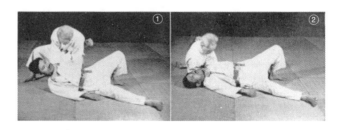

• 不同形式的片羽绞

用自然的方式抓住他大腿外侧的皮带，用相反的方式控制他，将右手向他的右翻领伸，然后拧住喉部，通过突出右膝来打破平衡。

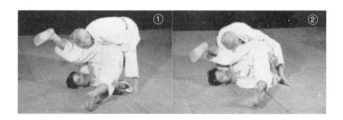

59. Tawarajime 俵绞

当你的对手用左手从前面和左边翻领处扭住喉咙，你就得用双手压住他的后颈部和腹部，如果他保持动作你就得像图2、图1一样和他一起扭转过去

60. Hasamijime 剪刀绞

一旦对手试图使出四分固式，你应该用右手控制他的左侧翻领，抱住他的颈背，然后，你可以用手像剪刀一样把他拧出来，把你的身体扭向右边，用左手绞住你的右前臂。另一个有效的方式是握住自己的左袖窿（四个手指）：正确抓住，是拧住对手（图2）颈背的好办法。

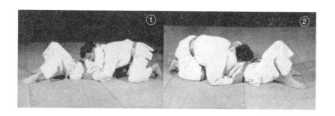

61. okurierijime 送襟绞

这是一种应用在对手背后的技巧，站立时与裸绞技巧一样。

• 假动作技巧：

就像上面的照片一样，用右手抓住对手的左侧衣领，用左手抓住对方右边的衣领，控制对方咽喉部，压迫颈动脉。因此，最常用的方法是让他的身体在你的两腿之间，控制他的身体半躺在后面，在上述情况下，从外部控制他的右臂右腿（图2），你的技术将会更好地发挥作用，在相同的形式，如果改为 **Katake** 扭，这项技术将是相当有效的，当他脸朝上躺着时你就向前移动并控制他，拧他也会是有效攻击。另一个有效的方法：他四肢一着地你就推向他喉咙左部，用右手抱住他的身体，左手和绞喉同步，用你的体重压制住他（详见照片前页）。

你把他按住，右前臂放在他的喉咙上，用右腿把他的屁股锁住。用右手从上侧压下脚踝，让你的拧动变得更有效。

再者，当他从你大腿外侧攻击你（下图2）时，用你的右手抓住他左边的衣领（四个手指在里面，拇指在外面）。当他试图用头朝下攻击你时，把你的右手放在他的颈背上。然后你的技巧将会有效通过将来自身体弯曲的力量从挤压的大腿内侧向后弯曲。

在这样一种形式中（图6），右手以倒转的方式抓住并拉他右边的衣领。在他的肩膀上伸展右腿，左肩或右后方的腋窝；如果右脚脚背越过左面，那将是最有效的。这一技术将会非常有效的通过按压对手颈背将左手掌放在你的右膝上（图7）。当他攻击你时，仰面躺着控制大腿，伸直你的右前胫骨到他的喉咙，并通过左腿控制他身体的上半部分。然后，用两只手拉住他的手，他就会被打败。但这样做是不恰当的。

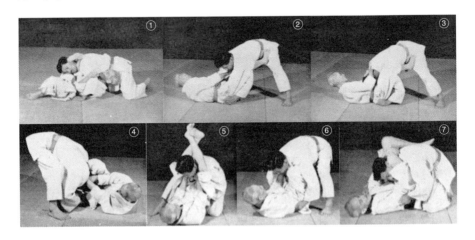

如果对手抓住你的后带，通过你的大腿准备把你带过去，你就使出自由动作或者技巧性假动作抓住他的左边衣领，以自然的方式扭动。与此同时，在双手交叉的时候给自己力量（上图5），然后把他拧起来，他很容易就会被打败，然而，这是不适当的，所以，有很多需要注意的点。

62. Katame-waza 固技的变化

对 Howgesd Hongesa-no-Kacshi（袈裟固的返式），试着用你的双膝不停地向对手靠近，在左半身体抬起时，用左手抓住他的左腰带，同时用右手控制他的右臂（下图1），这一瞬右腿抬高，你会把他从你的左肩转过来，使他失去平衡。

（一）Kuzushigesa-no-Kaeshi 崩袈裟的返式

把你的右臂伸出来，用左手推开对手的左前肩。当你推开他的右腋到左边时，一靠近右边的腰（图2、3）就把你的腋窝快速靠近右腰或弯曲膝盖深入他的腋下，然后，把左边的左腿卡住他的喉咙，让他倒地。

当你可以在 Hongesa 袈裟固和 Kuzushigesa 崩袈裟中找到合适的手臂位置时，把他的前臂放在他的右边颈背底上，并将腰部向左移动。

（二）如何防守 Kami-shihogatame 上四方固

（1）通过极细的间隔，把你的双手放在对方的胸前，然后把你的弯曲的膝盖推到他的前肩的下面，然后，把你的头移到外面或者左边。

动量形式设置，收回你的头部且高于他的左大腿，采取腰部向右的一个有效或抵制方式（下图2）所示，抬起腰，加强颈背力量，突出弯曲的右腿并加强大腿控制能力。把你的技术反复使用到把他翻转过来（下图3）。

（2）接触对手稍稍用双手推他的小腹（图2），他的头在一边（左或右）旋转他相对角落的肩膀（图3），并保持手臂反转，腋窝朝下，自然旋转你的身体（图4）。

绞技

（三）Yoko-shihogatame 横四方固的应对反应和反转动作

（1）如图1所示，侧转，控制对手回带的左手，右手以自由方式前伸：把他左腋窝挤到角落里，通过提高腰部把他在（下图3、4）的头部（下图2）突出。

（2）你的左手掌在对手左颈背的基础上，提高身体，扭动身体左侧，在这瞬间，把你的左腿放在他的左肩颈处（下图1、2），推动他的腰左侧：同时右腿胸前压。用双手将左臂按在肩膀上，此时你的反技巧将会使用的很好（下图3）。

（3）如下图所示，面对一些有经验的对手来说，他要是没有抓住你的左上衣领，就最好拿自己的左衣领。在这样的情况下，双手抓住翻领，当你用力拉出它的时候（下图1～3）你的技巧将会很容易施展开。

作为一种保护纵四方固 Tateshiho 的方式，将你的身体左移一半，并抓住他的右袖窿（下图1）和左边的肩带，以此来防御他的攻击。或者把他的腿夹在你的大腿之间，你也可以摆脱（下图2）。

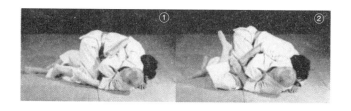

（四）如何逃离 Jujijime 十字绞

例如，对手试图对你应用 Jujijime（十字绞），干扰你的膝盖（右边和左边）（下图 1），推动和保持他的肘关节向左内侧，把右手放在左肘关节外侧；抬起腰部通过树立正确的跪膝；把他左肩推动，改变你一个膝盖的姿势把他的双手放在他的腹部（下图 3，4），然后把他拉下来。

如果你不能拉下，那么双手握住他，放下你的腰，把左腿弯曲到他的下腹；左臂插在交叉的双臂上并与右手的力量同步，你将很容易摆脱掉。

如果你没法阻止他越过你的右肩，那么突出他的右膝和左膝，尽管这样做有点不自然。另一种防御方式是把你的手臂放在他的身体交叉上，并控制他的自由，在向左走的同时右腿向右转。提升肩膀和颈背控制，然后，把你的左腿放到他的右腋窝，拉他的左臂放在你的左大腿骨上，把你的腰向后弯曲。然后来个穿手扭摔。

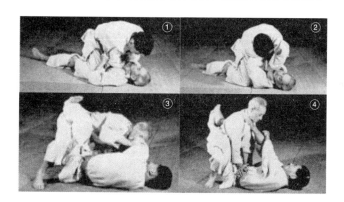

（五）Defense 扭（Arm-breaking cross-wringing）防婉搓十字绞

如果对方攻击你（下图 1）、试着不断地拧你，抓住他的下手腕，用你的双手（下图 2），将他的身体扭转。

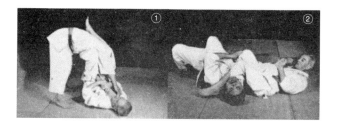

（六）防守领绞

（1）为了防御，从大腿之间逃脱很重要。这个技巧的
关键是在你的大腿之间控制住对手的自由。如果翻领的两
个部分都已经被掌握了，那就用双手快速地抓住他两条大
腿的外侧（右图），用一种迂回的方式将你的身体收缩起来，
让他的技巧自相矛盾。这样你就能逃离危险。

（2）例如，如果你被"翻领派"（Okuri-cri）控制得很好，
把你的左手放在手背上，从他的腋窝处伸出来：拉动和按
压四个手指的中间关节，抓住你右手边的另一端。然后，展开胸口，用力向两侧打开，
将你的身体移向右边，你会从你身体的束缚中解放出来。弯曲你的腰。然后他的左腿
会疼痛，他的拧动很快就会消失。

（七）静坐式防御

两位选手

如果在两种情况下都使用 okurir -cri，那就用双臂用力拉他的颈背：这是另一种防
御方式（下图 2）。

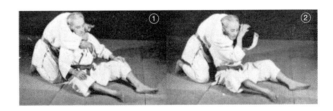

（八）在两位选手的站立技巧中，保护身体

当 nude-wringing 应用于前面站立技巧，在他无防备时握住他的肘关节（下图 1），
加强颈背的力量，弯下腰：通过伸展右腿至右腿外侧来调整身体（下图 2）。然后，由
于右臂被扳倒，他将被迫放松控制。

对绞扭的反应。

当对手使用站立交叉绞合时，如果他的右手在上面，就应该使用左侧腰部作为诱饵；如果他的左手在上面，你应该用右侧的腰作为诱饵（下图1，2）。

使用假动作欺骗对手时，当他把你的右手放在他左腋窝的时候（下图1），他会试图把你转过来。在这时，要不失时机地把握他的左膝盖骨：利用动量转向他，把你的右腿弯向他右腿外侧，伸展你的后颈背到他的右腋下，右侧的右手臂伸向他的腰，同时把你的身体稍微向后弯曲（下图2，3），你自然地把他按住，无防备就转变成了进击。

为了不被拉进他的圈套，把他放在你的大腿之间，并通过拉他左腿的下半部分来保护你自己（下图1）。如果已经进入他的大腿内侧，通过伸出你的双膝来降低腰部，用双手抓住他的前腰带，用自然的或倒转的方式：推和控制他的大腿内侧（下图2，3），然后双臂弯曲，他的动作将变得矛盾不会有任何技巧。

通过逆向动作（关节技），我们的意思是身体的关节部分是弯曲的，或者通过非自然的拉伸，身体的关节部分移位或扭伤。

---

63. ude-hishigi 腕搓（扭转）

假设你控制了对手，让他躺在你的后面。从右侧以 Voko-shiho 横四方固或 Kuzushigesa 崩袈裟固形式接近他，用手握住他内侧的的左腕、左手掌（图 1、2 和 3），把它放在地板上，几乎成直角弯曲：你得采取 shihogatame 中提到的战术，抓住你的左腕穿过他的腋下，然后用你的右手臂促使他滑倒，你需要根据杠杆原理来设定这一招数。

• 注意：

（1）在上面的例子中，对手的肘部应该被弯曲到地板上，但如果向后弯曲，就不会有疼痛，你的招数将没有任何效果。

（2）或者，用你的右手掌抓住他的左腕内侧并伸展到地板（图 4）：抓住你自己的右前臂右侧，用自然的方式将他的左腕扣紧。同时用你的左臂穿过他的左前臂，这是另一种卡住和折断他手臂的方法。

（3）如下图所示，当他的左臂在身体上时，用右手抓住他的左臂（图1），将你的左臂伸到他的左外侧和后腋窝，用右手腕的背部做一个杠杆动作，放下手臂（图2），采用后臂围起的招数通过弯曲把他的左臂按在背后。

（4）如下图所示，甚至当你被 yokoshiko 或 kuzushik -kesagatame 所控制。你可以从下面开始：

a. 假设他靠近你的右侧，用你的左手将他的左手腕与你的左手相扣（下图1、2），然在你弯曲左臂的时候，将左手腕的后部牢牢地扣在他的左臂后面。

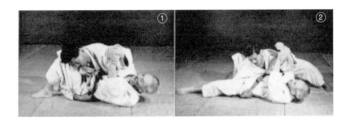

b. 假设他从右边开始接近你，用自然的方式将他的左腕扣紧，然后用左手臂将右手腕的后部插入左腋窝，用双臂将他的左臂伸直，双臂加强技巧（下图1）。

在实际战斗中，假设对手举起右拳攻击你，然后你快速接近他，控制他的左前臂。在这样的动作中，将你的右臂插入他的右臂，用右臂将他的右臂刺穿。他的后方平衡将被打破，他的右臂将被迫倒转。

64. udekujiki 腕挫（反关节）

腕挫是指以倒转的方式拉长手臂，这样做的方式是：交叉手臂折，手臂折，膝部折，身体手臂折，腹部折。

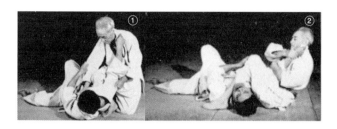

• A. 交叉腕挫

我们有几种方法来解决交叉集形式的腕挫，但这里解释了几个最有效的例子。当对手躺在空位上时，用双手抓住他的后颈或后衣领（下图1）。然后，抬起脖子，把他夹在大腿中间，用右手抱住他的右臂，因为你大腿的内侧与他的右肩的下部交叉形式，他会在你的身体里闪避。当你把左手的动作加在右手的动作上时，需要快速地把左腿（下图3）放在他的喉咙上进行控制时，你的身体向后弯曲，腹部力量加强，这个技巧会很好地拉住他的右臂。

• 注意

（1）当右臂倒转时，将手臂沿着身体右侧拉紧，以使其拇指在上方。

（2）把他的肩膀夹在大腿根部深到足以牢牢控制它。

（3）如图所示，别忘了把胳膊紧紧地夹在大腿之间。

（4）如图所示，控制颈背。

（5）握紧手腕或用手臂拉住他的手臂非常有效。

• B. 另一种形式的臂折

当你仰卧时，把他拉到大腿上，他会把一只或两只手臂从你大腿上拉出来进行防御或攻击，假设他的右臂抽出，他会从你的左腹部抓住你的左侧腰带。此时，用你的左手紧紧抓住他的手腕的后部：把你的左腿伸到他的腹部（下图2）。如果你把你的身体扭向右边并按他，他的脸将被迫趴在地上，然后转到右臂。

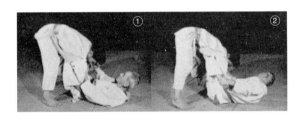

• C. 另一种形式的肩部设计

如图1所示，你用右膝跪在对手的背部时，你的左膝刚好在他身体的上半部分，同时将他的右臂拉到腰部的左侧。加强腹部发力，将手臂牢牢地夹在左大腿内侧，然后巧妙地控制他。

当你试着用他右边的交叉臂来解决你的问题时，对手就会迅速地扭开他的身体。这一刻，你有目的让他挣开，利用这种不守规矩的习惯，将他的左前臂深深地（图2）拉到你的两只手臂上。这样，你就可以通过拉并按住他的手腕，将他的手腕拉到你右肩的末端。

• D. 做好腕挫

当你攻击对手时，根据Ukigatame-shiki（浮动设置形式）动作的右侧背部，通过右膝的位置来控制他的身体，在这种情况下，你将没有太多时间提起身体上部，你必须拉深和拧他的左前臂和手；然后如图1所示，他的胳膊被将过多拉伸，自然会倒下。

• 注意

在这种情况下，一些选手会挤压肘部的外侧关节部分，但必须要下压上臂的下端，在杠杆作用下才更合理。

你双手以自然式扣住他的两个袖子，想对他运用巴投（Tomocnge）形式（两个巨大的逗号形式），当你把他的右臂拉到你的左腋下时，把你的身体稍微扭到右边，把左腿推到他的喉咙前；同时伸展你的腰，推动和握住他大腿的左前侧，此时你的技巧就开始运用了。

然后，将你的右臂扣在他的右臂上（下图3）。在他的动作中，将你的身体移到左边，这样你和他就会面对面，将你右扭的左腿推至前侧他的喉咙处，然后就会形成手臂折式。

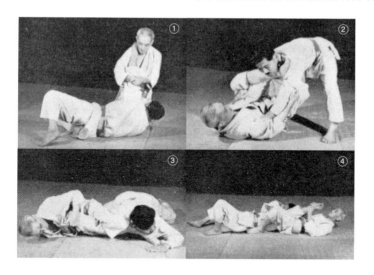

• E. 假动作掩护

在对手的右肩和左腿之间伸展你的右腿，当你的左腿一穿过他的左腋窝，就把他夹在你的双腿之间。用手拉他的左臂同时用腰部向后弯曲拉伸他，你的技巧就使出来了。

为了逃避右后袈裟固（Kesagatame）对手将会缠绕身体（左或右），如果是这样（下图2）把你的左腿伸向他后方的腰，你的腰向后弯曲，左臂就会形成反向形式。

如果他选择左腿并向左伸展，你得将右腿伸展到他的上臂左区域，此时这一招式将通过后弯你的身体才能得以施展。

如果两人都以正确的自然姿势紧握对方，那么你在拉对方的时候应用这项技术是合适的。当你仰卧的时候，诱使对方深入，于自己的大腿之间；把你的右脚放在他左大腿的关节处；当你把他的右臂拉到你的左腰上，左臂向内盘绕，将要把他抱到你的左腋下，当你的身体稍微向右扭转时，你的脚底在他的背上；把他的关节部位向上拉，压在大腿内侧的左侧，就可以控制住他。

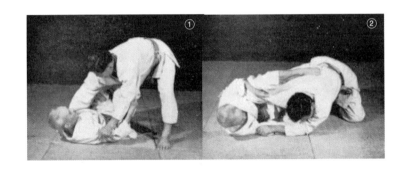

• F. 在站立练习时腕挫

假设对手以左侧姿态出现，在他的左臂上侧用你的右臂在他的手腕上方握住他的翻领。用你的左臂把他拉到靠近你的身体，把左脚放在他右前大腿的股骨区域，右脚伸到他腰部的后部；然后利用手臂与脚的同步力量迫使他的左手腕被倒立在你的前臂上。

• G. 身体腕挫

假设你用左手握住他的右侧翻领。你把他的左内手腕用倒转的方式握着，然后用右脚把你的身体往左移，用右脚踩在他的大腿前面（下图2）。

把他的手臂紧固在你的右腋下，通过向后弯曲身体的上半部分来降低腰部。如果你把他的手背向上拧，你将会不稳，被对手压到左侧角落，然后就会形成倒立的形状。如果他耐心地坚持，你就得借他的力把自己的右脚滑到前面。

然后，如上图3所示，如果你把他的左臂扭曲得太多，效果就会变得更不明显，而且会因为翻筋斗而给他摆脱的机会。

• 供参考

有时对手会用拳头攻击你的腹部或者用你的姿势来对你应用苏库尼亚（一种铲球的方式）。在这样的瞬间，使出一个手臂断上腹部的技巧是非常有效的。

• H. 腕挫（肩扛）

靠近对手右侧，以自然式四肢着地躺下，在推力（下图1）较低时。把右手伸入在他的腋窝并扣他的右手腕使他向左后方做快速运动，此时一把抓住他就把你的身体、右臂右腋窝朝向右肩并使出此招数，如下图2所示。

对手通常会把他的左臂伸到你的右腋窝（下图1），然后向左转，他会控制你的左半部分。

在这样的情况下，用你的右手抱住并拧动他的左手，他会想把你翻过来，利用他的力量，迅速将你的身体转向左边（下图2），然后再翻一次，抬起你身体的上半部分；将他的左臂深埋在你的左腋下（下图3），将他压在左肩的末端，并使出你的招数（下图4）。

• I. 腕挫或者对手仰卧三角绞

在你仰卧的时候，把他的右胳膊放在你的左腋下，把你的右腿放在他的左肩上，用两条腿控制他；用右手按住并按下他的左膝盖骨；此时你把腰稍微扭到左边，把臀部移到他的右边。当你的左脚在他的右腿上时，将腰部向后弯曲，收紧右臂，即可使出这一招式。

• J. Sankaku gatame ude kujiki 三角固腕挫

这是我的一种倒立形式，被证明有显著效果。假设当你躺在后面（下图 1）准备攻击对手大腿，而你的身体有些左扭，你的手在下腹部一侧用双手控制他的左胳膊，右腿稳在他的左后肩部，让他失去平衡向左倾斜，将他的左外肘部拉到腹部下部，以便控制。然后用双手握住他的手腕，然把他拉向右边，同时弯曲腰部向后；这个技巧非常有效。

如果他试图把你拉到看台上（下图 1），用右臂把他的左腿拉到内侧，他的右腿会向左侧调整；然后将他紧紧地夹在右侧和左肩之间，强行抵抗，将你的臀部转向外侧（下图 2），将左腿放在右腿上，然后将身体向后弯曲并加强腹部发力，从而使技术更加完美。

65. Ashi-hishing 足挫 (假设对手的右脚是固定的)

拉倒站在面前的对手 (技巧), 把你的身体切进他的大腿内侧做巴投 (向右抛巨大的逗号): 右腿扭动你的身体, 稍微向右, 左腹部限制其左腿下部。然后他将被剥夺左腿自由 (下图2), 甚至右膝关节会脱臼或扭伤。

•注意

小心不要松开拉着他的翻领或袖子的手, 否则他会向左转。

•如何防护脚围:

假设你处在他的左脚后面按住右腿的动作 (下图3, 4), 用力按压它, 他会感觉到膝关节和大腿的剧烈疼痛而被迫打开大腿。

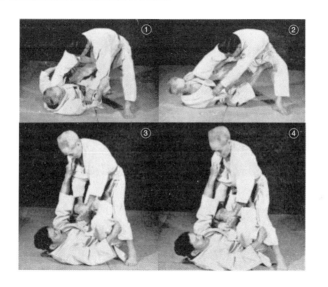

66. Ashikujiki 足挫

假设你想使出打破右腿的招数, 将他的右腿牢牢地 (当他躺在后面时) 放在你的右腋下 (下图2), 试着将右腿扭向右边, 然后他会试图通过身体向左转动来逃避, 因为他躺在面部方位。在这一瞬间, 你会毫不耽误地骑在他身上, 强迫他向右转弯, 然后向后弯曲身体, 加强腰部发力, 你的技术将会实现 (下图5), 左手会进行助攻。

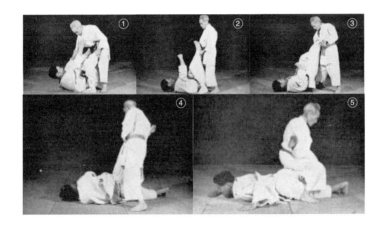

• 注意

（1）你得把他的右腿压在你的右腋下，他的左腿压在你的左腋下。

（2）反演的动作，当转移到脚踝时将会有危险。

（3）只要把腿放在腋窝下，把它绞起来，这样做的效果就足够了，这样做时身体的转动会产生更有力的效果。

（4）即使是在做假动作的时候，也要小心谨慎。

• 腕挫防袈裟三角固

如果对手试图用 Kesagata 袈裟固（倾斜的形式）卡住你以打断你的手臂（下图1）时，将你的身体半坐着；用左手握住他的左髋外侧并将其拉向左侧。把你的左膝推到他的左膝关节区域，用力按压以控制住他，他的腿会自然放松。（被劲驱使下，对手会自然解除用力）

• 足挫的一种方式：

向对手的背部推挤，并将右腿下端放在右臂下（下图2）。这样做时，将右腿从他的后大腿内侧伸入他的左大腿内侧。与此同时，用你的右腿（下图3）将他右腿的右上部分卷起来，并迫使他因进一步的攻击而投降（下图4）。

• 底部逃脱 Jumonji-gatame 十文字固：三个最有效的方式

（1）腕挫。最糟糕的是颈部受到控制，所以在这种情况下，把你的左手推到他左腿的下端，避免压迫你的喉咙（下图1）。把末端剪开，当你把腰部向左转或右转的时候，他的手就会松开。

（2）用左手扶住右臂（下图1），用双臂交叉的姿势支撑自己：试着把他扔到右边，以防他挣扎着躺在后面。然后，将左腿向后突出和弯曲，通过抬起上身加大了整体力量，因而动作更加有效。

（3）例如，当 jumonjig -gatame 十字固应用于一个膝关节的时，要灵巧地抬高腰部，这样你的身体就不会碰到他的右膝盖骨。把你的身体转到左边，然后仰躺（下图2，3）。

67. Newaza 寝技

• 如何进入寝技（newaza）

学习者应该注意到，无论是站立位还是在假动作时（包括防御的力量）在一般情况下，选手必须抢在对手之前爆发力量，并赢得胜利。依照"ju"的原因，最重要的是在技巧性动作中，借力打力！但在某些情况下攻击，可以是选手足够快并灵活地将对手的攻击强度转化为自己的攻击，或把握对手意图以摆脱他的控制。

（1）如果对手选择防守，当他通过降低腰和大腿拉进你的身体（图1），把右臂伸入你的左腋，用你的右手扣住他的左腋下位置，把左脚挡在他的右膝盖处，促使他伸出腰（图2）。你的右腿踢他的左大腿内侧脚踝（后面的区域）。因此，当他被抓住扔在后面的时候，他是被migi- kesagatame右侧袈裟固或tatc-shihogatame纵四方固扔到了后面。

（2）在上面的图中，用你的右手把背部的腰带扣住，握住他的左前臂，然后用腰带把他的左前臂从外侧伸出来。与此同时，利用他的大腿内侧的力，像翻跟头（下图2）一样，或者用一种 kuzushii -kami-shiho 崩四方固或 kuzushi -tate-shiho 崩纵四方固的形式把他翻过来。

（3）有时，对手会挣扎，把他的脚顶在你的下腹部。在这种情况下，用自然的方式和反作用力将他的裤子（膝盖骨区域）夹住，将右脚向左边的方向移动一步，并将你的身体控制在腿上。当你这样做的时候，把他的脚从你的腹部推到他的右腿上，在他的右腿上滑出右腿（下图3），然后在他的左腋下进行控制，并改变他的姿势，使他不能自由行动。

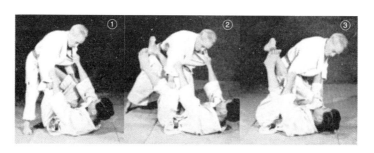

（4）像下图1的情况，控制他的两个膝盖的裤子，并推动他向左或右推动膝关节，直到他被迫向右边或左边弯曲身体时，根据实际的情况应用 jumonji-gatame 十字固的手臂断裂，kesagatame 或 katagatame 袈裟固。

• 控制他的过程：

使用固技时，对手试图挣脱被你抓住的咽喉，他把翻领的两端用手交叉的形式握住，四肢着地，在这样的情况下，以一种直立的姿势靠近他的一侧（下图2）。将上臂和外侧大腿按自然的方式扣住，然后把他抬起来，这样他就可以轻松地转身了，此时控制住他。

或者，假设你和对方在一个相互缠绕交叉的形势，控制他的左肘与你的左臂斜交，用右手抱住他援助的左手，然后拖着他双手，用左手力量推他。然后他很容易被拉住向后旋转，就像一根木头滚动条的杠杆。

• 如何通过：

（1）对手躺在地上，你面对他蹲在一边，用左手握右上臂；右胳膊插进他的左腋下，他的力量因此上涨，当你触摸他的右侧，扭转你的身体然后使用 migi-kuzushigcar（下图2），牢牢控制好他的右后方翻领，你的右手在他的后颈边缘通过提高左脚至腋下，使他被迫躺回来，此时你将使出 kami-shikogatame 四方固（下图3）。

（2）你在他的大腿之间，而他躺在你的手边，此时抓住他的腰部区域或皮带，以某种方式把他扶起来，左右皆可，使他的身体像被拎住一样，左右皆可，以一种滑动的方式来实施你的技术。或者，把他翻过来，用更多的力气把他举起来，你的抱摔就会得以实施。如果他让你在他的大腿之间进行控制，将你的手臂穿过他的右内侧，并抓住他的右后翻领（下图3）。用你的手把他的左腿挪开，把他推到右边，同时把他的左肩向后推，然后你就能控制住他的脖子。

A. 假设你躺在后面或者你被摔倒在右侧，而对方以一种僵硬的方式攻击你。

在他膝盖骨到达地面之前，用右手抓住他的左脚脚踝，同时用右腿的下半部分割下右腿的下端，把左脚脚底放在他腹部的下半部分，把他推起来、翻过来，你再站起来，占据有利的位置。

当你与对手在地板上，你躺在他后面（下图1）时，以十字型抱住他，抓住他的上半身，脚背深入他的大腿内侧干扰他身体，腿自然弯曲，抬起他的腰，把他放向你

132

的左边是很明智的。

B. 假设你躺在后面或者你被摔倒在右侧，而对方以一种僵硬的方式攻击你。

在你的膝盖骨到达地面之前，用右手抓住他的左脚脚踝。用右腿的下半部分割他右腿的下端，把左脚脚底放在他腹部的下半部分，把他推起来、翻过来，你再站起来，占据有利的位置。

下面对选手应该了解的最有效的注意点进行解释：

a. 现在你靠在对手的大腿上（下图1），你用左手抓住他的右脚踝；同时用右手抓住他的右膝盖骨；抬起你的左腿膝盖向右，同时用膝盖在地板上扭腰。如下图2所示，抬起右腿并进入是非常有效的。

b. 另一种有利的方式是把你的右脚脚背下部慢慢根据他的运动放到他的右大腿前面，（1）如果他通过左侧防御你的攻击，离开你的左腿后部并推动他的内侧膝盖。然后，他的右腿会伸直，到地板（右图）：这一刻，让你的身体向左转。

让自己的左腿弯曲，膝盖向下跪，同时把你的左臂伸到他的左边。

c. 把他拉紧再将身体转到左边，在此你将实施技巧或进行tachishiho（立四方固），以一个倾斜的姿势向前。

d. 把你的左腿膝盖从右边抵他的腰上，用右腿（下图3）压他的左膝盖，用你的右手把他的大腿打开，然后他将被迫把腿向后伸直，把肩放（下图4）在他的腿上，使用你的技巧，穿过他的左侧腰部。

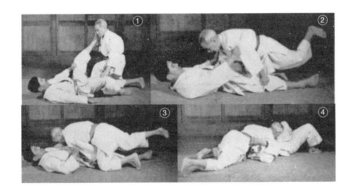

• 如何逃脱：（逃避 kami-bibo 四方固的例子）

假设对手试图以一种类似（图1）的形式来实施他的技巧，你可以将他的左肘向上推，用你的左手来制住他的手腕，同时将你的腰扭向左侧。把你的右腿伸到他的肘部的下面，然后他就会向后弯曲，这样你就能控制住他。

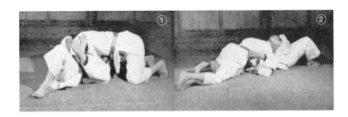

• 不同形式的 Kuzushi-Kami-shibogatame 崩上四方固

假设你仰面躺在对方右肩的末端，左手抓住他的左臂（手腕），将你的右手放在他的右后腋窝，抱拉他的颈背，当他的脸在你的左腋窝的外侧时，扣上你的衣领或腰带，并将下小腹放到地板上。同时，把你的头放在他右前臂的外侧：按住他右边手臂并剥夺其自由，是很有效的。

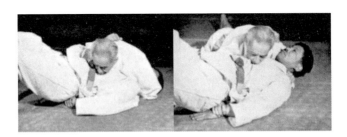

在倒立的过程中抓住对手脚的一个例子。

•倒立的方式：

当你像上述情况那样把脚拉开时，你将会有一个用脚反扣住对手脚的机会（下图1）。或者可以用你的右手反过来拉紧他的左脚，往身体处靠近（下图2）。你还可以通过反向抓住对手的手臂来控制他。

•如何开始（另一种方式）：

若你的右脚被对手的两只脚卡住了，就把你的左臂伸到他的下颚处，几乎靠着他的身体。紧紧抱住对手的背部，用右手以自然姿态或反手的方式去抓住他的前腰带，并按压对手腹部下端（下图3），从而在干扰对手腰部自由移动的情况下，将你的左脚踩在他的右腿内侧，从而减小对手的干扰力量。然后，坚持不懈地把你的腿伸出来，你才能够移动。

•抑込技／压制（不同形式的袈裟固）

当你试图把对手反扭在背后时，他很容易通过交叉双臂抓住你的衣领，来遮盖住其喉咙。在这种情况下，应用袈裟固的方法，你抓住对手的右袖口或腰部，把左手从他的后颈下端猛绕过来。

同时，把右手从对手的左腋下伸过去，反手抓住他的右肩尖部，使他丧失移动自由。

• 阻止对手向前的方法：

有一个阻止对手向前移动的方法是将手臂和腿弯曲成龙虾状作为防护，谨慎地利用腋下和手肘来抵抗对手的移动。也就是说，保持自身身体向前伸展是非常重要的。为了能做到这样的姿势，就需要自己长时间的持续训练；训练内容是以肘关节或双肩为支点，快速转动或旋转。

専題 | **裏技（反技巧）**

• 反技巧是如何形成的？

若仅是对抗正向的技术，是没有形成反向技巧的空间的。然而，在运动员掌握使用技术的正确方式之前，他会遇到各种各样的情况，并且会经历一个复杂的过程。实际上，由于运动员心理和生理上的变化，或者是技术运用的速度，运动员自然会有机会去尝试使用反技巧。

• 裏技的定义

反技巧并不是与技巧相反的行动。简而言之，它是通过预估对手将要运用的技术或是预先满足他的攻击欲望，从而使对手的动作对自己无效（运用读心术）的一种技术。换一种方式说，是通过胜过对手尝试的技术，并按上述的方法来取得胜利。

• 防御规则

大致来说，作为一种不会被摔倒的方法，在前进或操练时，你应该不断地保持以腰部为支点的上半身处于活动状态，同时还让手脚能够伸展和收缩；有时候你不得不熟练掌控自己的身体，让你自己能灵敏地适应对手不断变化的力量和技巧或能在瞬间诱骗对手；有时令对手厌恶的攻击必须如同幻觉或错觉一样有效地给予他，从而使他的预期动作无效。

---

68. 足技（扫腿）

• 防御 1

假设双方都用朝右的自然姿势抓紧对方，然后对手从外侧扫过你的右脚（图 1，通常是所谓的"扫腿"），不要抵抗他，只需把他轻轻拉到左侧角（图 2），这样他的

裏技（反技巧）

姿势动作自然就会被破坏。在这样的情形下，最好是把手从抓住衣领转换成抓住袖窿或者是抓住手臂上去。

• 防御 2

或者讲，如果已经预估到对手的下一步，他一使用扫腿，你就把左脚向旁边移动，同时降低自己的身体重心。他一对你使用扫腿，你就快速变脚，把他放倒在左侧。浮腰（腰部浮起）（图 3）

• 排斥

采取反面燕返（像燕子一样翻转）是最有效且最具有可能性的，而且毫无疑问的是，在这种情况下，你应该抓住他的袖子。

• 演变 1

当对手试图使用送奥库里 - 阿希 - 巴拉伊，即足扫（递出并扫腿）时，应预估他的动作，然后使用小内刈收回腿，你的技巧会就会成功（图 6、7）。

对手进攻时无避开进攻动作

• 演变 2

当对手使用小外刈或出足扫扫腿技术时，就任他使用，你应迅速躲闪身体，扭动腰部，然后使用ひと卷込 / 人卷込（跳起并卷入），你的技术就会获得成功（图 8）。

• 演变 3

或者，把腿伸到外侧前方，扭转并降低自身身体重心，这样会取得更好的效果（图 9、10）。在这种情况中，最重要的是以下所述的快速动作：对手一使用他的技术，你就用抓住他衣领的手将其向前推，同时用抓住对手袖子的手去拉拧。

• 演变 4

另一种方式是轻轻举起伸出的腿，然后通过降低腰部或是采用足车来使用背负投（从背上扔到地上）的技术。

69. Kosotogake 小外挂

• 逃脱方法 1

假设双方用朝右自然的姿势互相抓着袖子，然后对手试图使用 migi-Kosotogake（右侧小外挂）的技术时，应预估他的下一步动作并降低一点平衡，接着举起并左右移动双手，从对手的左后侧控制他。然后，反复使用右侧小外挂，对手就会被击败。

• 逃脱方法 2

当彼此处于朝右自然的姿势，而对手使用左侧小外挂时，一个有效的方法是由他使用此技术，同时扭动身体向左转并变为使用 migi-uchimata（右侧内股）的技术。（图2、3）

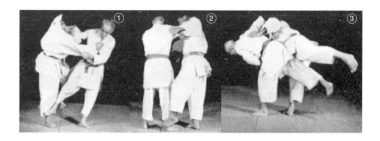

70. Hizd-guruma 膝车

• 逃脱方法 1

当对手把他的左脚底放在你的右膝盖骨上时，也就是对方准备在自然适当姿势（图

1）上施 hiza-guruma（膝车）的技术时，你应该将你的左脚向左前侧迈进（图2）。或者，如果他想把脚底置于你的左膝（半膝）上，你应该将你的右脚移到右前侧。接着，他使用的技术将会失效，他的平衡将会被打破。如何防守和逃脱 sasaetsur -komiashi（支钓达足）与上述规则几乎是一样的。

• 逃脱方法2

当对手在你的左腿后侧用膝盖旋转时，你可以将腿轻轻自然地放在它的方向上，然后将你的右脚置于其大腿之间，以保持你的姿势的稳定；若你可以推开他并将他的重心转换到其身后，你将会轻松而巧妙地逃脱。

• 逃脱方法3

或者，用与上面相似的方式，如下图1所示，用你的左手固定他的右腿，将他推到左后方，当其失去重心时，他就会跌倒。

• 逃脱方法4

就像上面所说的，你可以用左手采用自然的方式抓住他的右脚踝（左侧），然后可以用你的右腿从外侧扫其左腿，将他扔到后面。那么，他们必将被击败。

---

71. Sasaetsurrkomiashi 支钓达足

• 逃脱方法1

在这种情形下，将对手的腿扫开，促使他使用支钓达足和扫钓达足的技术。也就是说支钓达足与扫钓达足的技术要点交织在了一起，此时就产生了一个有价值的问题和更好的实例。就是当对手试图揣摩你的意图并将你的腿扫开时，你应该将你的上身以腰部为支点向后弯曲：当你和他面对面时，你应该控制好你的身体。使身体弯曲并将膝关节抬起，然后向外扫开。这样你的腿就会自然而然地处于在他试图移动的腿的外侧，这样就会使对手的技术无效（图1～3）。

当你深陷其中时，你应该控制你的身体，就像黏附在对手身上一样，用双手控制住对手，身体绕过他前进的方向，这样你就能逃脱出来（图4）。你可以一边像上述例子一样躲避，一边通过反向使用支钓达足获得胜利（图1）。毫无疑问的是，通过预估他的动作来运用燕返是非常有效的。

• 逃脱方法2

如何从上述的状况中逃脱，其中一种方法就是运用腰车的技术。

• 逃脱方法3

假设对手试图使用向左支钓达足的技术，你应该快速预估他的动作：当他的左脚掌一放在你的右腿外侧，你就将左脚向前移动，放在他的脚附近，摆出左侧防御姿势，试着把他摔向你的左侧，然后他的动作就会在右后角被破坏，这样你的技术动作就会被很好地实现。

72. Kouchigari 小内刈

当对手试图向你使用小内刈技术，让你的身体呈僵硬的状态时，你绝不可以让身体紧绷，而要使其变得灵活起来，你必须抬起对手试图勾住的腿，从而才能逃脱出来。

• 逃脱方法1

假设双方都用朝右自然的方式，对手试图使用右侧小内刈技术。如果他企图在空中勾住你的腿，不要反抗，只需要抬起并伸出你的腿。并用右手迅速按下他的左膝盖，同时用左手轻轻把他推向他的左前方。然后对手会用膝关节旋转的方式，向你的右前侧倾斜（图1、2）。

如果对手试图在这个时候像上面所说的那样从低处勾住你的腿，那么你可以利用他的力量向右使用支钓达足（下图1）。再一次通过伸展右手让你的身体往下滑（下图2）。如果对手用右侧姿势勾你的腿，他就会向后摔倒。在浮动技巧中，将左侧技术应用在对手身上是很有效的。

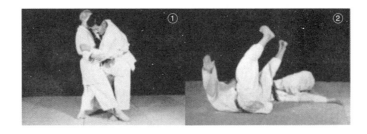

如果对手打算把腿勾起，你应该向右使用巴投（下图1）。

如果你被按压得太猛而摔倒，那就把对手拉向你自己，然后把身体稍稍向右转；把你的左腿压在对手的脖子上，用右手抓住他的左手，这样你的技术就能够施展了（下图2）。

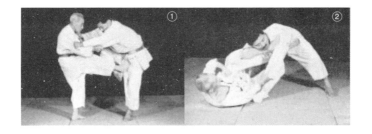

---

73. Ouchigari 大内刈

• 逃脱方法 1

假设双方都采用朝右的自然姿势抓住彼此，对手试图左腿向前对你使用大内刈，那么你应该尝试用右腿内侧膝盖反向勾住对手的右腿。把对手推向右后角，然后用你的双手抓住他，这样他就会被你从背上扔过去。在这种情况下，把对手的左脚一起扫开，这毫无疑问将是非常有效的（右图 1 ~ 3）。

· 逃脱方法 2

假设你和对手都采用朝右的动作，对手试图在你的身后向你的左脚使用小内刈。你可以把他的脚勾住，这样就能施展你的技术动作了。如果他还要贴近你的左侧使用技术动作，你最好一边向左移动上半身，一边勾起他的腿。

· 注意:

在上述招式中，对手左脚自然地往前走，此时，明智的做法是采用一些不设防的部位来勾住对方的腿。

· 防守技法 1

另一个好办法是用左腿轻轻勾住对手的左腿，使用巴投的技术（中间图 1、2）。但是，如果对手向前走了，你就先借用他的力量降低自己的身体重心，然后用右脚使用巴投技术。

· 防守技法 2

当对手打算使用右侧大内刈时，你一把把他摔向左侧，并将左脚撤后。此时，你要么一直抓住对手的左袖，要么把手从抓住左边衣领换成抓住左袖（左图 1 ~ 3）。

74. Uchimata 内股

在使用这个技术时，需要注意的是要一直保持上半身的活跃和适应，这样才能预判瞬间的变化。

• 巧避方法 1

假设在格斗中，双方都是右架，且对方用右侧内股出招，此时，我们需要调整姿势以适应对方的节奏，并在对方用右腿出招时，快速的右转闪避。然后猛甩右袖，对其左下腹予以重击。此时，注意右脚需轻轻抬起（如右图 1 ~ 3 所示）。

当采用上文提到的要点闪避时，需要同时下调重心，并用自己的腿勾卡住对方的腿，这也不失为一种巧妙应对的方法（如下图 1 所示）。

• 巧避方法 2

双方采用右架交手时，如果对方插入我方的腿间，此时应让自己的上半身保持主动攻击的状态，将身体右拧的同时，将左脚背插入其左腿内侧，如此一来，就能化解对方的攻势（如下图 2 所示）。

如果对方直接前立出招，此时我方需直起身来，身体略微左倾，此时对手只能往左后方闪避，从而其攻势落空甚至可能扭伤腰部。

• 防守技法介绍

接下来将介绍一种非常有效的躲藏和反攻技巧。假设格斗时，双方都是右架，并且我方能预料到对方下一步的动作。则在对手攻击的那一刻，快速地将左脚移动至右后方，如此一来，对手右腿的攻击就会落空，并且在惯性的作用下向左倾倒，此时，我方就能尽情出招了（如下图 1、2 所示）。

抑或，如果我方能故意诱使其动作落空，就能用脚将其轻易绊倒，以便进一步出招。

• 几种典型避让技巧的介绍：

（1）假设对方躬身弯腰，同时右肩微低挥起右臂袭击我方的右腰位置，此时，我方可快速将右腿轻移至其左腿后方，同时左下腹部发力，给其以雷霆一击。则其攻击自然失败（如下图1所示）。

（2）如果对方对我方右腰部位进行攻击，且我方能提前识别他的意图，此时，可以将左腿向左后方斜移闪躲，对方则自然会向后倾倒，溃不成军。这种避让技巧非常的实用（如下图2所示）。

75. Ukigoshi 浮腰

• 防守技法介绍

浮腰这招，需要在我方腰部接触到对方大腿部位的那一瞬间迅速地扭腰反攻。用这招时，对方很难做出适当技术来应对。如果我方平时训练和实战的经验丰富，并且动作也快速敏捷（如图1、2所示），此时，可以尝试用一只手抓住他的腰带，同时将另一只手放其腹部。如此一来，对手的招数在我方面前毫无用武之地，我方就能占据主动（如图3所示）。

• 策略介绍

假设对方用浮腰招式，右肩微低，并将右臂沿着后背挥出，此时我方需将身体重心移到左脚，并在对方接近我方右腰时稍稍抬高右脚，并用左腋和左腰的力量将其制住，打倒在地（如右图所示）。当将其击倒在地时，我方要相应地转为向下出招的攻势。

76. Osotogari 大外刈

• 策略介绍

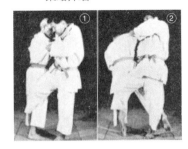

格斗时，如果双方都处于右架，而对方使用右侧大外刈招式（如左图 1 所示），并转身变步，上半身略左倾，同时右腰积聚力量来撞向我方的左肋位置。此时，我方可采用一种非常有效的防守方法，即用左手抓住对方的右袖，同时右脚变步转胯，然后用大外刈招式将对方击倒。

• 防守技法 1

当对方以一种迅猛的势头朝我方出招时，我方要迎着他的朝向而动，并移动左脚与其左脚并驾齐驱（如下图 1 所示），同时用大腿前方去攻击他的大腿后方（如下图 2 所示），躬身弯腰，双手发力，将其甩出（如下图 3 所示）。

• 防守技法 2

对方出招攻击时，右腿弯曲，交叉左移（如右图所示），然后轻轻抬腿，将对方迎向右侧，此时对方就会一脚踏空，摔倒在地。此时切记右手发力，抓揪住对方衣领向左拽。

77. Ogoshi 大腰

• 策略介绍

如果对方采用的是右侧大腰招式，从右侧进行进攻，此时，我方可左手出招沿其右臂，紧拽住他的足带以摆脱攻势（如图 2 所示）。然后，用右手抓住对方的前侧腰带和左袖，同时左腿袭其左腿之上（如图 3 所示），发动扫腰招（即大腰法，如图 4 所示），这样就能把他打翻在地，虽然可能需要点时间（如图 5 所示）。

• 防守技法 1

如果已经侵入对方腰部，此时，就得用跳腰技术或横车技术。

• 防守技法 2

当对方右脚前移、右腰发力进行攻击时，我方就需将身体左拧，主动进攻，并采用左浮技（左揣法）或左横落（左身微低法）。

• 防守技法 3

若对手右臂穿过我方的左腋，此时我方需将右手抵其右腋上方，同时，左手擒其右臂，不断出招。在保持下盘稳固的同时，快速将左脚移其右脚外侧，将他迅速绊倒，获取胜利。此时，除了反推法外，也可尝试背负投（即过肩摔）。

78. Yoko-otoshi 横落

• 防守技法介绍

如果格斗时，双方手臂互相掰扯交战，这时可弯腰下蹲，用左手袭击对方的右膝后窝处（如左图所示），并用横落招式将其击倒在地。

• 策略介绍

假设双方在格斗时，双臂互怼，对方试图使用横落招。此时，我方应向左拧转上半身，用左腋发力以抵消对方右臂的力量。同时，右腿抬高并向边侧轻移（如图1所示），将其摁压在地（如图2所示），此时对手左腿自然失去攻势，被我方腿部摁压，无法自由移动。

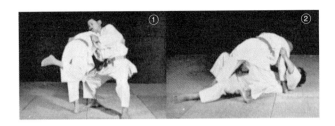

79. Harai – tsurikomiashi 扫钓込足

• 策略介绍1

假设双方格斗时，均处于右架。当我方右脚准备向后撤退时，对方尝试用左侧扫钓込足技术。此时，我方对其腿部攻势（如图1所示），可微屈膝盖，抬腿进行躲避（如图2所示）。同时双手发力，制住对方。

• 策略介绍2

当预感到对方准备出招攻击，或者当我方诱使其出招时，可将我方右腿移其外侧，然后，将对方身体往左后方摁拧（如图3所示），此时对方就只能束手就擒。

80. Seoinage 背负投

• 策略介绍1

假设双方格斗，处于右架，对方出招攻击，并用手抓住我方的衣领（如图1所示），对我方用右侧背负投，此时，用左手抓住对方袖子（如图2所示），快速控制住对方，并大力将其推倒，同时将身体的重心放在左脚，右手发力攻击，以重创其腰部。

• 策略介绍2

如果对方屈腰，不断对我方出招攻击，此时，用右手抓住其左领（特指其袖口附近位置）。再用上文的技巧以左手制其右手，同时右手抬其左臂，使对方失去平衡，向旁边倒去（如图3所示）。

• 策略介绍3

如果对方用右侧过肩摔出招，此时，不用过多理会（如图4所示），直接头部右扭，抬起右腿向前移，将身体从其攻势中直接脱身。

• 防守技法1

如果对方采用过肩摔，我方可以把一条腿插入他的腿间，以获取身体的活动空间，同时再转用横车招（即侧推法），将其摔倒在地（如图5，6所示）。

• 防守技法2

如果对方用单手背负投（即右侧肩摔）技术，此时我方左手应停止出招，而将身体左转，至其后背，让对方的攻势落空。再顺势伸出左手穿其左腋抓其右领，同时右膝盖上顶，就能用右侧送足扫，把其击翻在地（如下图1，2所示）。

81. koshiguruma 腰车

• 如何防御？

如果对方使用上面的技巧进行攻击，此时，我方应颈部发力，手腕下收，擒住对方颈部，往下摁倒至腰侧。同时快速地撤移开左腿，身体斜倚（如左图 2 所示），就能使对手失去平衡，向左后方倒去。

对方一旦失去平衡，就立刻下腹发力，发出雷霆一击，将其击倒（如右图 1，2 所示）。

82. Haraigoshi 扫腰

在解释这种技巧的精髓之前，有必要先介绍几种适用这种技巧的实战模式。有时，可能对方用的招式并不是标准的大外刈、扫腰、大车式，而是与其相似的变种。此时，需快速伸腿，并朝着伸腿的方向轻轻拧动身体。同时，膝盖微屈，大腿向前方抬高，将对方大力撞飞（如下图 3，4 所示）。

• 策略介绍 1

或者可以在对方从左腋下伸出右手出招攻击时, 伸出右手进行防御 (如图 1 所示)。

• 策略介绍 2

如果我方左脚交叉站立, 左手用力外推, 同时重心下移, 那么对方就会向后方倒去, 具体 (如图 2 所示)。

• 防守技法

如果对方体格健壮, 切不要硬碰硬, 可以快速地将左手置其左股, 右手擒其右股侧, 同时双手用力, 此时对方将重心不稳, 无法持续发力。然后再改用左侧飞腰来击倒对方 (如图 1 ~ 4 所示)。

83. Taiotosh 体落

• 防守技巧 1

这种技巧对手部推拉的力量以及身体快速反应的要求很高, 以下是防御中最重要的几个要点介绍。假设双方在格斗时处于右架, 对方伸出右腿攻击, 想用右起体落的技巧攻击 (如图 1 所示)。此时, 我方就得用飞腰进行对抗, 即右脚前移 (如图 2 所示), 上半身略微后屈, 将其打翻在地 (如图 3 所示)。

•防守技巧 2

如果对方在体格方面不如我方，此时可以用左侧大车招或是左侧扫腰来对付他，事实证明，这两种方法非常有效（如图1，2所示）。

•防守技巧 3

如果对方体格强健，那我方应尽量对其摁压（如图1，2所示），并采用左手单手背负投招或者右侧内卷入招对其出手。

•防守技巧 4

如果能预料对方下一步动作，则当对方右脚一落地（如下方右图所示），就立刻用出足扫（即扫堂腿）技术，以甩开其对我方右臂的掣肘，并将其打翻在地。

84. Tomoenage 巴投

•策略介绍 1

假设对方试图将右脚插入进行攻击，不必过多理会，直接颈部发力同时略微后弯，身体向右闪避，就能轻而易举地摆脱对方的攻势（如图1，2所示）。

•策略介绍 2

被对方抓住袖子时，大力甩开就能轻易摆脱其攻势（如图3所示）。

•防守技法 1

当对方移足时，观察其动向，并扫倒其腿，这样，对方就会重重地摔在地上（如图4所示）。

•防守技法 2

行之有效的方法之一是用大内刈招攻其腿，这样对方将毫无还手之力（如图 5 所示）。

85. Ukiotoshi 浮落

•防守技法 1

如果对方上半身敏捷灵活，左摇右晃，伺机而动，右脚不断移步调整，且其左膝蓄力准备发出猛烈一击，此时，我方可用左侧体落进行应对，即从其膝盖骨着手，将其打翻在地（如图 1 ~ 3 所示）。

•防守技法 2

如果对方膝盖略屈，准备发动进攻，我方又可预料到他的意图，此时，最适合采用内股式，且实践证明行之有效（如图 4 所示）。

86. Tawaragacshi 俵返（沉击法）

•防守技法介绍

如果对方出招攻击时，右脚朝前（如图 1 所示），此时，快速出招擒其膝盖骨，同时将左脚绕至对方后侧（如图 2 所示），身体左拧，并用左臂沿其下腹攻其左股（如图 3 所示），这样再用四方固（kuzushi-ushiofesa）招就能将其制服（如图 4 所示）。

87. Sotomakikomi 外卷込

• 防守技法介绍

假设对方用外卷出招攻击，此时，我方需抬起右腿，轻轻避开（如图 1 所示），然后绕其背后（如图 2 所示），左手制其前喉骨。此后再用送襟绞招或者内卷入（偏向于内侧攻击）即可，具体如左图所示，其中也会涉及外卷的招式。

88. Hanegoshi 跳腰

• 防守技巧 1

假设在格斗中，双方处于右架，对方腰部发力朝我方右腰岔入，此时，我方可立刻将身体轻微右转，避其攻势，同时用右脚从后扫其左腿，将其扔翻在地（如图 1 ~ 3 所示）。

• 防守技法 2

如果对方腰部微移，试图攻入，或者用右起式对抗我方的左起式，此时，我方应将身体快速右拧，使其攻势落空，同时左下腹发力，予其雷霆一击。当对方重获平衡时，直接攻其左脚（如图 4、5 所示），将其绊倒在地。

• 防守技法 3

另一种行之有效的方法是当对手准备出招时，就迅速用左手擒其股间，再采用左侧移腰或后腰进行交战。

• 防守技法 4

若对方体格强健，攻势迅猛，我方只能被动防御，此时最好采用扫腰返（即扫腰对抗法）的技法来防御（如图 6 所示）。

• 策略介绍

如果对方用右起式发起攻击，此时，我方应快速收回右脚，同时左下腹发力，将其右手臂往后反剪。

---

89. Ushirogoshi 后腰

• 策略介绍 1

当对方攻击我方腰部时，可将一脚插入对方的大腿后方。然后，身体前倾，前方发力（如图 1 所示），把身体大部分的重量压其身上，使其重心不稳，很难继续对我方发起攻势。但如果对方力气很大，不管我方如何应对，都锲而不舍地攻击，此时，可在重复上述技巧的同时，用最顺手的方式抓其膝盖骨。

•策略介绍2

如果对方的右手抵住我方右手，此时可用左手擒其右手腕，并与自己的右手交叉。同时，身体发力，将交叉的手腕下拧，并迅速下腰，同时将身体右转（如上图3所示），右手擒其左手腕，反剪至其背后（如图5所示）。在实际情况中，许多人都会顺势将对方拉到股间，反剪对方手腕。在这种情况中，分别用到了寝技、裏投和后腰这三招。

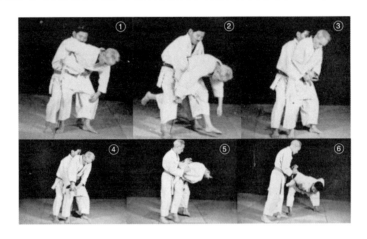

---

90. Oguruma 大车

这个技巧贵在身体协调，即在使用这一技巧能使对方重心失去平衡，从而无法继续攻击。简而言之，这个技巧的精髓就在于：从容进攻，不可急于求成。

•防守技法介绍1

假设对方处于右架姿势欲转身抬起右腿对付你，那么为了能够在左侧控制他，你应该略微降低你自己的身体重心，这样就能使对方重心失去平衡，倒向左后方。

•防守技法介绍 2

当一个强壮的对手想要用大车技巧对付你，你可用扫腰的技巧和他对抗。但是有一点需要注意的是，用你的右掌抓住对方左腿上方，而不是抓住他的右腿。

---

91. Ukiwaza 浮技

•防守技法介绍 1

假设对方试图在双方握拳时使用浮技，当他一打算使用这个技巧时，你就拉他的右臂；同时，把他的右臂完全拉下来，立即使用右侧小内刈技术勾他的右腿腘窝处，这样他就会被拉倒。

---

92. Kataguruma 肩车

•防守技法介绍 1

对手为了能对你使用肩车技术，他会把右臂岔入你的大腿间。在这个时候，你可将你的右臂深入他的左腋下，这样你就能使用表返技术将对方扔到左后方（如图 1、2 所示）

•防守技法介绍 2

当你把右臂岔入对方的大腿间时，要迅速降低腰部，撤回左腿并向左转。用右手穿过对方左腋下，把他拉动并扭转，这样对方就会被你控制了（如图 3 所示）。

•策略介绍

当对方的右臂一岔入你的大腿间时，你就用左腿猛勾他右腿腘窝处。同时拉动他的右腿，并将他的腰部扭向右侧，这样就是非常好的防御了（如图 4 所示）。

---

93. Tsurigoshi 钓腰

为了对抗对方的大钓腰，你应该主动使用钓腰，用移腰来取得胜利。对抗小钓腰：假设对方使用右侧小钓腰的技术，你可以迅速把你的左臂绕过对方的右臂外侧并岔入右腋下：控制你的身体朝向右侧，这样就能保持一个非常好的防御姿态，然后不要犹豫，直接用大腰攻击对方。

---

94. Obiotshi and Sukuinage 带落和掬投

假设对方从你的右侧使用这两个技术（如图1所示），你应该迅速向前移动抱住他，然后用右侧大车来攻击，这样他就能迅速被你摔倒（如图2所示）。在这样的形式下，一边摔下他的身躯，一边控制住他，这将会是一个让你赢得胜利的反技巧。

95. Sumigaeshi 隅返

假设双方处在双手握拳的姿态，对方一边自然地向后撤退右脚，一边引诱你向左前角前进，接下来，当他一撤退左脚时，就会使用隅返的技巧。所以，面对对方的引诱，你要采取主动，当你逐渐移动时，就向对手使用左侧谷落。只有这样你才可以抓住他的松懈时刻，取得胜利。

96. Taniotoshi 谷落

• 反技巧

当对方用左侧谷落技来攻击你时，你应该尝试使用右侧大内刈（如右图 1 所示）。这是在双方处于自然姿态下，避免一般情况横舍身技的建议。

• 策略介绍 1

我方应加强背部或颈部力量，快速抬起前腿进行防御。换句话说，你轻轻抬高右腿，用弯曲来对抗对手的左侧舍身技。

• 策略介绍 2

还有为了将萌芽状态的谷落技扼杀，你可以闪避到对手试图引诱你去的相反方向（如右图 2 所示）。

97. Soto morotc gari 外双手刈

• 防守技法介绍 1

在对手打算抓住你的双脚时，你就将重心往后移降低腰部。同时，抓住对方双手，使用俵返技术（如图 1、2 所示）。

• 防守技法介绍 2

当对手自然迈出右脚前进时，我方应把左腿稍稍撤后，以此保持平稳。如图 3、4 所示。同时将手岔入右腋下，抓住对方的右臂。直立右腿，反向抓住对方，这样你就可以将他从肩部到肘部都控制住。

98. Osoto-otoshi 大外落

• 防守技法介绍

当对方向你使用大外落技术时，比较有效的方法是毫不犹豫地使用外卷入技术。

99. Dakisutemi 抱舍身技（舍身抱）

• 防御策略介绍

当你被对方抱起时，手指向外张开，把你的手掌放在他的前腿关节处，双脚向颈中任意方向伸展，这样他就没有办法使用技术了。

100. Tsurikomigoshi 钓込腰

下面将对实战中对抗钓入腰技术最有效的三种方法进行说明。

• 策略介绍 1

举例来说，当对方一边降低腰部蜷缩手臂，一边使用钓入腰技术时，你可以利用你自身的体重控制对方，用力撤回你的肘部，这样他的腰部就会因手臂蜷缩的力量而失去平衡。

• 策略介绍 2

如果对方通过摇动你的衣领或是袖子来对你进行控制进而使用钓入腰的话，你应该抖掉一个袖子，然后反向移动你的身体去防守。

• 策略介绍 3

有时候对方会岔入你抓住衣领或前袖的手臂腋下来使用钓入腰技术，这样的话，你就把左手适当撤回，以此控制对手的平衡，这样他就很容易会被打倒。

101. 系列变化

（1）如果你不能使用小外刈或出足扫技术来勾住对方的腿把他摔倒时，你必须立刻使用大外刈技术。

（2）当你在对方左腿上使用膝车无效时，可迅速变为巴投或者是单手背负投，或者在你用右侧姿势躲避时，可以使用右侧大外刈。这两种方法都很有效。

（3）如果你在使用左侧支钓込足时失败了，那么迅速转为右侧大车或者右侧扫腰技术（不松手的情况下）会非常有效，同时把浮腰变为单手背负投也会有用。

（4）如果对方面对你的大外刈技术时表现得非常灵活，那么就转换为使用左手背负投。如果对方抬起你将要勾住的腿，你就毫不犹豫地使用大外车。从大外刈到大外车的转变几乎适用于大部分相似的情形。

（5）如果双方处于朝右自然握拳的姿态，此时把你的左脚以不起眼的方式，慢慢地向他的左脚移动。然后用你的右腿勾住他的左腿，对他使用右侧体落（身体朝右侧摔去），或者假装轻轻移动右脚使用右侧大内刈。此时，你迅速转为小内刈勾住对手的右腿腘窝，这样就会取得胜利。

（6）比较有效的方式是使用小内刈去撼动对方，然后用你使用小内刈的腿朝他的另一条腿使用大内刈。另一个比较有效的方法就是，当你对他使用和小内刈相似的方法扫开他的一条腿时，使用巴投技术。此外，你敏捷地勾住对方的腿也是非常有效的。轻轻用你的右脚掌扫开对方的右腿，然后使他的重心放在另一条腿上：这样做的话，他自然就会摔倒了。

（7）假设你的右侧内卷入像是被子弹击中一样被抵抗的话，此时应迅速把左腿移向对方的身体后方，然后转为使用左侧掬投（从左侧抱起扔下）。

（8）如果你的腰车技术无效的话，应立刻降低腰部，一边转身，一边使用外卷入技术：这样对手就会被你摔倒。

（9）如果对方在你使用左侧送足扫技术时伸出右脚，那么你就转为使用左侧背负投。如果他能在右脚被扫开时艰难地保持身体平衡，此时你应该使用和右侧大外相似的技术把对方摔倒，这是一个由送足扫而来的转变。

（10）当你的右侧体落技没有让对方的重心不稳，你就将左脚岔入对方大腿之间，立刻转为单手背负投。如果他抬起右脚来闪避你的体落技的话，你就立刻转为使用左侧横舍身技。

（11）如果你在使用技术时停下来了，或者在使用右侧内股时停滞，应立刻转为使用右侧体落技，或者如果打算使用右侧内股技，而被对方的身体力量阻止了的话，就转为使用右侧小内刈。如果你害怕失去平衡，立刻使用左侧巴投。

（12）假使你的小外挂无效，应迅速转为使用隅落技，将对手扔到身后。

（13）如果你的钓腰失败了，可用手抓住对方腰带，使用跳腰或扫腰技，将对手摔倒。

（14）转为使用跳腰技或者外卷入、体落技是很有效的。

（15）如果对方试图使用左侧扫钓込足，有时候他会在右脚被扫开时保持住姿势，此时你的技术就会被中断。接着使用足车，将你的右腿伸向他的右膝盖，然后把对方的身体拉过来，反手扭倒在地，或者在使用右侧体落时猛力前进，这样对方的重心就会从左脚移到右脚。然后再把对方拉倒，这时你可以转为使用左侧膝车。

（16）有时候，浮技、谷落、横落、横挂、隅返或者是引込返无效时，为了取得胜利，可采取一系列动作变为使用寝技。从立技到寝技的变化是非常巧妙的过程。

（17）如果巴投失败，可能极易发生手臂骨折或手臂硬化，所以请注意不要错失机会。

（18）除非你的掬投或带落非常成功，否则就用你的身体压住对方，用你的手臂使劲儿压住他：从而使用押进控制对方，并小心他从身后夹住你的颈部。

（19）当你使用**裏投**时，对手会弯下身体来闪避，这样他就会改变重心。然后，你应该转为横车将对方扔倒。

（20）对方腿部直立时受到你的浮落技术，他很可能大步移开来躲避。此时，不要松开手，但要用另一只手迅速抓住对方的脚踝。

（21）根据对方的攻击方式，立刻将我方的攻击方式由移腰转变为后返，或者由后腰变为裏投。如果使用的技术尚不稳定，那么就将连续动作变为固技。

（22）当你无论是在左后角或是在右后角控制住对方，使用隅落时，利用对方的不备时刻使用小外刈或是肩车。这种方法是相当有效的。

专题 | 参考技术

102. Kakatogaeshi 踵返（参考图片）

• 要领

这项技术是把对手的脚后跟拉到自身身侧，然后用右手抓住对方并将其右脚拉向右侧（如果有机会的话），或是用左手把左脚拉向左侧，使其摔倒。

• 练习

在自由发挥时，对方很容易抓住你的左襟或是左袖，你要在左腿直立、保护好右膝的情况下反抗他（用左手抓住他的右袖）。在这个时候，你用自然的方式牢牢抓住对方右脚踵上部，就可以把他拉向你的左后方。同时将你的左手放到身前，这样对方就会很容易失去平衡，从而被你摔倒。

而如果你想要在实战的时候使用这项技术（假设双方都处在朝右且自然的姿势时），可以一边让左脚转向左侧，一边弯下右膝跪倒；此时，把右手放在对方的右腿上，按照上述要点使用踵返技术。

103. Morotegari 双手刈

• 要领

这项技术是在对方直立的状态下，将他的双手拉到我方的手臂下方，使其摔倒。

在比赛中，这项技术使用好了会有非常成功的效果。

•注意

抓住对方腿部的手必须拉到底部，这样他的腿才会滑倒，从而无法站立。

•练习

当彼此接近或者你已经避开了他抓你衣襟或袖子的手时，你就紧绷身体，把你的腿都岔入对方的大腿间（如图1所示）；用双手抱住对方后腿或者是腘窝处（如图2所示），这样对方的腿就在你的腰部上方，他的臀部接触到你的小腹。

此时，用力抓住并摔倒对方，这样他就会刚好背部着地摔倒。

•注意：

这项技术应该在对手呈正常自然状态时使用，而不是在他朝右侧或左侧时使用。

104. Seoiotoshi 背负落

•要领

这是一项大技术。与单手背负投相似，对方如果从背后用双手抓住你，或者是想要从前面进攻你，或右手已经伸出。此时，我方应该一边将身体转向左侧以便身体能面向前方，一边用力抓着对方手臂压住他，这样他的右侧就会接触到你的右肩。从而，将你的左膝直立，右膝着地，将对方摔倒。

•练习

假设双方均朝向右侧，自然交手时（自由发挥），对方把你推向左后方。

在这个时候，依据对方的力量，你可以一边用右手握紧对方的衣襟，一边拉住他的左手。同时向左转，改变身体的方向使自身朝向前方，然后用右手从下方抓住对方的右臂外侧（如图1所示）。然后一边把对方拉起来背负在肩上，一边直立左膝，右膝迅速着地，降低右肩，绕一个弧线。接着对方就会自然地被你摔倒在面前，就好像是从你的肩上滑下去一样（如图2、3所示）。如果你是右手使力拉动的对方（即右手拉住衣襟），让他的左脚前进时使用背负落，对方的身体就会接触到你的肩膀。这样，对方就几乎被迫头部着地而摔倒。

• 注意

当你把对方从右肩上摔下去时，右膝着地跪倒是不正常的，所以要确保右膝是放在地面的。另一个有效的方法是：用右手抓住对方右侧外袖（以便手肘不会在右侧），使用背负落技术，同时左膝着地，右膝直立。

或者，有一个类似的技巧是用左手抓住对方前面的腰带，右手抓住上衣襟，来使用技巧。虽然这样在普通比赛中可能不会那么有效，但是一些不引人注目的技巧在比赛中很可能会给你带来胜利。以上就是背负落的形式。

---

105. Tawaragaeshi 俵返

• 要领

这项技术顾名思义，就是将对方扛在肩上，直接扔到地上，可以说整套技术动作像一个沉重的稻草袋被扔到了前面。

• 练习

引用的这个实例是在自由练习时使用表返技术：（A）当对方使用极端自卫姿势时（ⓐ 他趴在地上 ⓑ 他试图抓住你的脚）；（B）当对方一只手抓住你的衣襟，另一只手抓住你的腰带来自卫时。

如果对方敏捷地将你拉向他，这样他的头部就会从你的下腹部或者是大腿间露出来。此时，将你的手穿过对方的腋下，放到腹部，胸部贴近对方的背部（如图1所示），双手交叉搂住。此时，若你抓住了对方的衣服，就可以用左手抓住对方的左胸或者是用右手抓住对方的右胸。

接着一边降低腰部和腹部，加强腰腹力量，一边抱起对方。然后将对方从肩上扔过去，接着往后退（如图2、3所示）。

@和⑥都必须服从（A）的规则，对于⑥，虽然你迅速抓住了对手，但也有被对手摔倒的危险。所以，要用力把脚放平，并且腰部始终往后弯曲，身体紧绷。

在（B）中，如果对方用左手抓住了你的腰带，那么可将你的右手从后面岔入他的左腋下（如图4所示）。用上述方法使用俵返技术，这样对手就会从你的左肩摔下去。

106. Kakaewake 抱分

• 要领

这项技术是你在旋转时要从对方的背后紧紧抱住他，从而使其摔倒。

• 练习

对方有时候会在使用技术时把后背暴露给你，或者你跳到他的身后从背后抱住他。在这种情况下，对方可能会向前躬身避免被摔倒，或者会四肢落地，抬高腰部作为防御。或者，在自由发挥中，你可能在攻击时绕到对方身后。然后，为了站立，对方会先让四肢着地。而对你来说，这是一个绝好的攻击机会。此时，将你的左脚移到对方的右脚后面，这样你的小腹左侧就和对方的侧腰、大腿侧很接近。然后降低腰部，作舍身技姿势，右脚向前，慢慢朝对方移动，移到对方脚趾前。此时，左手从对方的后腰处沿着腰带移动，然后抓住他的前腰带，用右手从右侧抓住衣襟，抱起对方（如图1所示）：在这个时候，一边使用舍身技右转加强小腹左侧力量，抱起对方，一边将对方扔向他的左后方。

• 注意事项1

当你抱住对方时，你的双脚不能往后缩，还有一点很重要，要把脚放到离对方比较近的地方。

• 注意事项 2

如果对方在被抱住时一条腿是向后移动的，且摆出朝左或朝右的姿势，那么你就把脚岔入对方脚内侧，使用抱分技。

• 注意事项 3

需要注意的是，当你把对方从左肩扔出时，要把头歪向右侧，而把对方从右肩扔出时，头歪向左侧。如果不这么做的话，对方的身体在被过肩摔时会触碰到你的脸部。

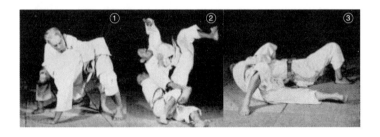

107. Kuchikodaoshi 朽木倒

• 要领

这项技术是在对方掠过你时使用的。如果你攻击得很猛烈，对手可能会在你不注意时攻击，或者是向你冲过来。然后你就可以闪避开，快速朝他的身体下方冲过去，把对方摔倒。

• 练习

下面解释在自由比赛中朽木倒技术的形式和方法。当对方为了抓住你的衣襟或衣袖，保持自然姿势，向你接近时，你就快速抓住他的手。降低身体重心（如果朝右的技巧已经使用了），就朝右掠过。同时身体往前，右脚伸到对手的右脚后方，抓住他的右脚上方（如图 1 所示）：手掌伸直推向对方前胸（就好像是扫和拉），然后从后方把他背摔过去（如图 2 所示）。另一个有效的方式是把你的右脚放在他面前，把左脚放在他的右脚处（如下右图所示），然后使用朽木落技术。这样就可以把对方推倒了，由于这项技术的性质，你需要按照上面的方法来练习。

108. Osoto-otoshi 大外落

• 要领

这是一项通过用你的腿压住对方后腿，从而让对方摔倒的技术。

• 练习

假设双方朝向右侧，自然交手，你应该灵活运用你的手，这样对方就会处在艰难的境地，被迫支撑住自己的重量。你可以一边用手推对方，一边慢慢将你的左脚（和身体一起）自然移到对方右脚外侧。然后，腿部弯曲，让你在身体外侧的大腿擦过对方的右腿外侧。当你抬高膝盖朝向他的腰部右后侧时，用腰部力量将腿伸直，这样你的腿后侧就可以踢到对方的后腿（如图1所示）。当你把腿滑下去，就迅速用左手把对方朝他的后方拉倒，然后用右手把他推开，这样他就会一头猛扎下来（如图2所示）。

• 要领1

假设对方正在使用朝右的技巧，你接近他并破坏他的平衡，让他向后方倒（稍微靠右侧）是非常重要的。

• 要领2

当你把右脚滑下放在地上时，加强力量让你自己处于略微朝左侧的自卫姿势是很重要的。

• 注意

这项技术是通过你慢慢移动到对方的身侧而使用的，所以你应该记住，要破坏对方的平衡；如果不这样的话，你反而会被对方击退。

• 评点1

使用大外落技术最好的时机是，对方朝向右侧，呈自然姿态，或者是朝向右侧，呈自卫姿势。你可以尝试着从对方的右前方进攻，破坏对方的平衡，这样对方就只能加强身体力量向后撤退。此时，你可以将左脚缓慢朝对方右脚外侧移动，趁对方不备，使用大外落技术。或者，如果对方为了使用右侧内股，试图将你朝右侧拉动，或者用其他技术采取主动；这时，你可将左脚移动到他的右脚外侧，使用大外落。这样就可以取得胜利。

• 评点 2

这项技术在对付一个较矮的对手时会非常易于使用。即使一个较矮的运动员和一个较高的运动员交手时，若对方处于自卫姿势，我方可以稍微控制自己的身体，缓慢朝对方移动；然后按照上面所述，你的大外落技术就可以非常成功了。

---

109. Hikikomigaeshi 引込返

• 要领

这项技术在对方抓住你的侧腰，或者双方互相抓紧，而对手降低腰部，将手臂岔入你的腋下时使用，会非常成功。

• 练习

当双方均朝向右侧，处于自卫姿势时，你要保持你自己固定不动，可略微移动并暗示对方，仿佛你要把他推向右后角，破坏他的平衡。然后对方为了不失去平衡，左脚就会自然向前进（如图 1 所示）。如果对方身体朝右，处于极度自卫姿势，你就撤退右脚，引诱对方左脚前进。此刻，一边以弧线降低腰部，一边将对方向前拉动。当你把左脚滑向对方的大腿右侧时（如图 2 所示），就用右臂抱住对方右袖上部，然后从对方腋下松开手。将你的右脚踝前面部分放到对方的右腿后侧（如图 3 所示），然后以弧线形用力抬起对方。将对方抱起，拉到你的右肩处。然后双方都会被直线扔出（如图 4、5 所示），而当双方都朝向右侧，彼此抓紧对方，处于自卫姿势时，对方为了使用隅返或是浮技，他就会撤后右脚，右手拉回来引诱你的左脚前进。此时，你必须看出对方的意图，将你的左脚滑到对方的脚内侧，然后撤回。拉住并控制对方，将你的右腿猛岔向对方后面的右腿，然后使用引込返技术。然后在对方将你摔倒之前，令对方摔倒。

• 注意事项 1

确保脚掌着地。

• 注意事项 2

小心你的腿（放在对方腿上）不要碰到对方的下体。

• 评点

最有可能赢得比赛的方法是：我方处于自卫姿势，朝左或朝右，对抗对方正当的自卫姿势。因为，如果在双方都处于自卫姿势时使用引达返技术，腿部的移动是不够完美的，因此，此时使用引达返是不利的。

---

110. Obiotoshi 带落

• 要领和练习

这项技术是用一只手抓住对方的前腰来使用的。如果你可以轻松抓住对方的前腰带，那么使用这项技术就相当有利了。但是对方不会轻易给你这个机会。所以，为了抓住对方的前腰带，在双方都朝向右侧，自然交手时，你要引诱并使对方失去平衡倒向右前方。在一边做上述动作时，一边加强左手力量猛拉对方，使他瞬间失去动力，然后你松开对方右前角，反手抓住对方的前腰带，慢慢移动右脚（如图 1 所示）；用你的左手挡住他的右手，然后降低你的身体重心，将你的左手从他身后慢慢移到他的左脚踵。此时，可从前面抱起对方的左腿，紧紧靠着对方（右手加强拉力），控制住他（如图 2 所示）。同时小腹左下侧猛击对方的臀部右侧，就像令对方弹起来似的。这个时候，将你的腰部弯曲向左后方，这样对方腿就向上张开，刚好在你身后摔倒（如图 3、4 所示）。

•注意事项 1

如果双方都摔倒了，在下方的运动员会受到更多的痛楚，所以要小心不要受到更多的伤害，也要小心不要在普通实战中一起摔倒。

•注意事项 2

当抓到对方的前腰带时，最好用反手抓；反手抓住会增强你的手部力量，从而稳定身躯。

•评点

双方身体均朝右时，如果将你的左手岔到对方右手上方（而不是推开对方右手），用左臂控制住对方，这样他的右臂就会被禁锢住，然后你可以用你的左手抱住对方的左臂，这样你的带落技术就能成功使用了。即使对方用自卫的方式对抗你（抓住前腰带），你同样也可以轻松赢他。这里只有一种情况：你抓住前腰带的右手必须施以较大的拉力，右腿弯曲，左膝着地，这时对手会试图吸引你向前。而在这种情况下，你可借用对方的力量站立起来，接着立刻使用带落，这样就会非常顺利了。

---

111. Uchimakitomi 内卷込

•要领和练习

假设双方朝向右侧，自然交手，你可以利用你手上的拉力破坏对方的动作，倒向右前方。然后松开右手，迅速移动，使对方的右腋下与你紧挨（从右后方移动到腰部左侧），而你的臀部在对方的右侧。依照左脚自然移动到前方的方式，将右脚绕到对方右脚外侧。这样做的同时，将你的上臂松开，沿对方的右腋下滑下。左手放在对方的腋下里侧，自然地将对方抓住并拉住他的右臂（如图 1 所示）。并且在用左手拉住对方的同时，以卷入的方式移动身体，就好像你的前额被带到了左脚尖处。然后，以腰部后侧为起点，划一个圈，将对方向右前方摔倒（如图 2、3 所示）。当你试图破坏对方的动作时，他为了避免被你破坏，有时会前进一步。此时，你应该放松你紧拉的右手，只要对方的左脚一前进，就按上述方法使用内卷込。然后，当对方的左脚接近你时，他的右腿会和你大腿上部左外侧接触。紧接着，他就会被你在空中划出一道圆弧扔出。

• 评点 1

只要对方的平衡一被彻底打破，不管技术的形式如何，对手的身高怎样，他就都会被你摔倒。一般来说，卷进在比赛中分为两种：当面对较矮的对手时，使用外卷込会有更好的效果，而对付较高的对手时，则使用内卷込会有更好的效果。

• 评点 2

内卷込的形式与单手背负投有点类似：一些运动员认为内卷込所致的摔倒，是由背负投完成的，背负投是通过将身体前部的重心放在腰部后侧，然后将对手从肩上扔出的。正如上面说明，内卷込是通过用你的上臂按压对手腋下内侧，扭转你的侧腰朝向对方，然后把他向内卷入的。许多人都是在抽象理论上理解这个区别的，如果不是在实战中，运动员通常会更努力地击败对手：例如，在使用背负投时，运动员将臀部朝向外侧，紧紧抓住对手的肩膀，此时他就会非常渴望胜利。

简而言之，这种错误的做法会引起更多的痛苦和过度的竞争。

---

112. Yama-Arashi 山岚

• 要点

这是一场在快速的自由搏击比赛中彼此轻快而敏捷的对抗，以寻找进攻的机会，使对手绊倒。

• 实战

当双方都处于正确的自然姿势时，抓住对方右侧翻领的顶部，拇指在内，四指在外，并且左手自然地抓住对方右侧衣袖的中部偏外侧，在控制自己身体敏捷度的同时，把对方推到他的左转角并控制住，或者把对方拉到前脚，同时，用手将对手拉向对方，当对手被控住到一定角度之后，他将尝试重新回到他刚才的姿势状态，这时诱使他向右前侧迈步，以绊倒他：（1）迫使对方将平衡点放在右脚尖上，使对方在他的有前角处被绊倒，并破坏其姿势，使自己的身体处在稍左侧转的位置，使自己与对方更靠近，并将自己的左脚稍微收回，以右手臂外侧滑过他的右侧胸部的方式将他绊倒，同时，左手与右手同步，拉过对方并绊倒他，伸展右脚使小腿放在对方的右腿外侧，脚后跟靠在对方的脚踝上，像扫腿一样抽出这条腿；（2）把对方扔到自己的面前，双手与自己的腿同步拉动；（3）再一次，如果他继续抬手向右前角进攻，你的敏捷躲闪能帮助你更漂亮地将对方摔倒在地。

这里有一个例子，通过牢固地控制抓住对方，当对方以左侧位的方式，向前伸展出左脚时（尽管他处于右侧姿势），诱使对方向前踏步，使他必须用双侧脚趾头来控制平衡。稍向左侧转动你的身体，将对方身体的平衡转移到他的右脚尖，并根据上面所阐述的技巧去对付他。随后他将会摔倒在地，就像被背负投最后摔下去的那样。

113. Gansekikotoshi 岩石落

• 要领

正如图 1 所示，这是一项双方均站立时使用的技术，趁对方不备，你可以向对方使用十字绞技术。

• 注意事项 1

不要用力抓住对方的衣襟，如果用力的话，对方会拼命搏击，来保护他的防御姿势。所以，记住要轻轻抓住对方的衣襟。

• 实战

假设你朝向右侧，右手反向抓住对方的右上襟，左手反向抓住对方的左上襟。以这个姿势不停地攻击对方，从而使对方绞起来，自然而然的，对方为了逃脱你的绞技，会将右手放在你的左手肘较低的部分，左手放在你的右手肘上部（如图 2 所示）。此时，你的头部要迅速通过对方的手臂，使对方交叉的手臂松开，同时降低你的身体重心，左转弯向前进（如图 3 所示），从而使你的背部上方贴近他的胸部，腰部后侧在他的小腹处。跳起来伸展后腰，然后通过将手拉过来的方式使对方摔倒（如图 1、4 所示）。此时，尝试着像背负投技术一样，弯曲一条腿使对方摔倒，这样你的技巧就会完美实施。

• 注意事项 1

当你交叉的双手松开时，可能对方会使用右侧钓达腰技，所以一定要主动进攻。

• 注意事项 2

当你的双手交叉时，如果左手臂在右手臂上方，你必须慢慢用左转弯来移动身躯使用这个技术，如果是左手臂在右上臂下方，就右转弯移动。

• 注意事项 3

另一个有效的方法是将对方从肩上扔出，在一边使用与腰车类似的方法进行腰部猛推时，一边以绞来代替头部穿过（如图 2 所示）。

---

114. Ushiroguruma 后大车（后旋法）

• 要领

若对方从背后抓我方双臂，此时可手肘发力，将其头朝前扔于地面。

• 练习

在自由格斗中，若双方对战激烈，为了取胜，对方可能从背后出袭，双手穿过我方腋下，将我方制住（如图 1 所示），此时，可以用后大车将其朝左摔翻在地。

同时紧拽对方前下臂，微摆下腰，使腰部触其下腹（如图 2 所示）。此时，我方应立刻起腰，削其攻势，晃其身形（如图 3 所示）。然后右膝窝微屈，右脚背覆其左外股，同时身体往左前方微斜，就能将对方头朝前击倒在地（如图 4、5 所示）。抑或迫其前倾，同时右腰深岔，使出右侧外卷入这招，这样也能将其击倒。

• 注意

尽管这招构思巧妙，但在实战中，双方可能都不会收手，以致均摔倒在地，徒增疼痛。因此，若其中一方处于劣势挨打状态，就应及时松手，承认失败，以保持格斗礼仪。

参考技术

115. Teguruma 手车

• 要领

此招能迅速将对方打倒在地，具体操作如下：站式出招，重心微沉，靠其身侧，出手沿其大腿袭其后腰，这样对方双腿被迫抬高，就会背部着地摔倒。

• 练习

若对方实战经验丰富，可能以边缘绕出的方式来有效应对这招，但在大多数情况下，若对方使用类似扫腰、大外刈等技术时，都可以用这一招式来应对。当双方均处于右架时，若对方出右侧扫腰这招，应重心微沉，同时松开右手，将其插入对方股间（如图1所示），擒其腰部。同时腰部伸展，继续发力，将其正面环抱扔倒在地（如图2、图3所示）。或者先将其环抱，用右半身力量将其右后股铲起。若对方身高略矮，此时可弃用右手岔其股，转而抓其左前股下侧，将其兜翻在地。

• 要点参考

若对方用后手车（后手抡法）并右腰侧移进行攻击，此时，我方可伸出左手沿其股至其背，顺势一抓，然后将其提起并左旋抡出，此时对方就会旋转而摔倒在地。（如图2、3所示）。

116. Sotomorote 双手外击法

若对方双腿微并，向我方靠近，准备出招。此时我方可用上半身对其渐逼，同时扫其双腿，使其摔倒在地（如图 1 ~ 3 所示）

117. Hasamigaeshi 绞剪返

• 要领
即用双腿岔其腿间，使其无法保持站姿，从而摔倒在地。
• 练习
在自由格斗中，对方出左架，用左手抓我方大领小袖，此时，作为应对，我方可出右手抓其左袖，此时，双方僵持。或者，对方右架出招，此时，我方即可用左架招数来应对。

118. Tobigoshi 跳腰

• 要领
若我方遭到对方的 Koshiroaza 招攻击（是一种腰部袭击法），此时，我方无须抵抗，任其将身体微微抬起，趁其欲将我方扔出之际，借其力，我方需身体敏捷地跃至前方，反将其扔倒在地。

• 练习

若双方均右架出招，此时可顺其站姿，左手斜线出招，并伸出双腿迅速岔其腿间，使我方右腿背面覆其下腹，左腿侧边覆其膝后窝处。

同时我方身体向右上方微扭，左腿向前，右腿蓄力后移，同时右手略低，将其提起，使其头朝前摔倒在地（如图1～3所示）。简而言之，此招的要点在于，让对方处于严格的左架或右架的姿势。

若对方出右侧跳腰技，此时我方应将上半身做好准备，灵活移动，并略微右斜。此时，再全身略蜷，腰、膝蓄力。顺势将左手覆其后腰，同时松开右手，并将右手掌覆其右外股上方。

此时，若自身处于跃起状态，可力推对手右外腰上部，同时，身体右斜，跃至前方（如图1所示）。这样就能擒其左袖，用左侧飞腰招将其击倒在地（如图2、3所示）。

119. Dakisutemi 抱舍身（环抱自抛法）

• 要领
若双方呈面面相对，四臂互掣的状态时，可借此掣力将对方拽向一旁。

• 练习
双方对峙时，我方可出右手重拽其左侧腰带，同时左手轻抓其右侧腰带，以将其身体微提。再出右脚袭其股间，左脚绕其右脚外侧，微微后屈。

120. Dakiage 抱上招

• 要领

双方用寝技招对峙时，对方背躺在地，发猛力将我方拉至其大腿处，或者我方可能自己失去平衡，倒向对方。这一招就是用在这种情况下，即我方此时应敏捷的将其环抱，向上微提扔出。

而当我方上腹触其右下腹，此时可如图1所示，身体迅速左拧下沉，同时下腹发力，用肘部将其打翻在地（如图2、3所示）

• 注意事项 1

身体微拧时，腰部一定要蓄力，这样才能制住对方。

• 注意事项 2

若对方比我方略矮，这招能发挥更大威力。

• 练习 1

若被对方拉至其腿侧（如图1所示），我方可将双手深深岔入其股间，形成蹲伏姿势，以制住对方（如图2所示）。同时左手倒转，抓其左领，右手顺势拽其右领，并与左手呈交叉式。腰部蓄力，用下腹力量推其臀，使其无法自由移动，同时伸展身躯略微后弯，一鼓作气将其提起，向前扔出。

• 练习 2

或者，用上文所述招式，出右手岔其股间，抓其背后腰带或脊椎，大力推搡将其制住。左手抓住其大领两侧，切勿抓反。同时腰部发力，将其抱起，再借此力将其摔下（如图3所示）。这种方式也能很好地让这一招式发挥威力。

• 练习 3

假设对方背躺在地，此时，移其右侧，将其抱起。开始时，先跪式巧触，然后出右手，深岔其股间，并顺势抓其背带，不断拉拽。切记，当将其环抱提起时（如图5所示），让其臀、身一并斜升。然后，左手向下伸至其脖右侧，再顺势抓其脖左侧，这样即可将其提起（如图6所示），再将其摔下。这种方式也非常行之有效。

• 注意

上文所言将对方环抱摔出仅为比赛赛制与规则，但若非比赛和实战，请小心勿把人丢出以至摔伤。

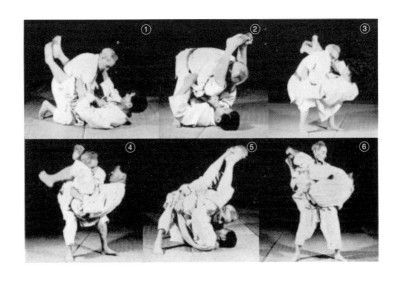

121. Udegaeshi 腕返招

• 要领

在训练场景中,若对方一直单侧出招攻击我方,此时,最适合运用此招。

• 练习1

若对方右架出招,右手抓我方右领,左手拽我方左领。此时,我方需及时应对,即左手穿其腋下抓其左领上方(如图1所示),注意拇指应朝外,其余四指向里紧抓。同时,右手从上至下抓其右腰处。此时,大力揉其双手,将其侧推。并将右脚岔入我方左脚和对方右脚之间。再右手向下,将其左前臂外推,将其制住。然后,身体左扭(此时我方背躺在地),将肩膀沉其右侧前方,靠其右脚内侧,再伸展腰部,顺势将其撂倒。

• 要领

若对方试图用扫堂腿,此时我方可身随意动,形如飞燕,快速移开,使其攻势落空。并转而攻其双腿,敏捷的将其撂倒。

若用手部力量,此时对方势必向我方倒来,则可以左肩抵其右肩,呈交叉态势。

• 练习2

若对方右架出招,顺势将我方擒住,此时我方可出左架,以左手穿其右腋,拽其右领顶端,右手紧握对方右腰,左脚略收,将其制住。同时右手发力外推,左臂伸直,遵前面所述要点将其抓起下摔,此时对方手臂被伸直反剪,从而翻倒在地。

• 注意

若对方跌落于其右前方,则使用训练场景1所述的招式;若跌落于其正前方,则适用训练场景2所述的招式。

---

122. Tsubame-gaeshi 燕返招

• 练习1

假设双方均出右架，我方抓其双袖，对方左脚扫我方右脚，此时，右膝关节微屈，脚后跟稍抬（呈一弧度）使其攻势落空（如图1所示）。同时，立刻出扫堂腿将其击退至左方，切记，此时左手呈落式（如图2所示）。

• 练习2

若双方都抓对方衣袖，自然对峙，此时，可以尝试用送足扫技术，然后用上面所述的方法积极应战，或者直接如图3所示扫其双腿。

• 练习3

若对方出扫钓込足招，此时，可轻轻避开（如图4所示），再扫其双腿。同时，大力将其推至对手后方角落，让其摔倒（如图5所示）。

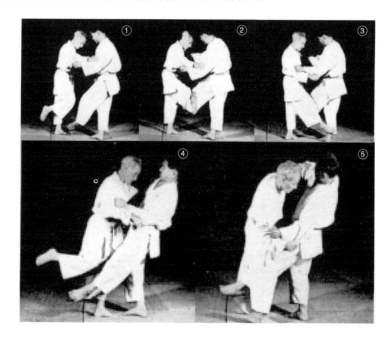

• 注意

我方可抬脚、屈足以避开对方的扫堂腿，但从技巧层面讲并非最佳应对策略。我方迅速反应，足部瞬收并不利于反击。此时，我方可采用圈形或弧形收足，一方面有效闪躲，另一方面也有利于下一步反击。

---

123. Tamaguruma 球车

• 要领

用这招需要很大的力气且需和对方近距离接触，以祭出背负投招或肩车招（即过肩摔或者也称肩抢法）将其倒栽葱摔下。通过不懈研究，笔者发现了一种只需花一点力气就能将对方击倒的方法，即所谓的窍门。

• 练习

假设双方自然对峙，如此时图1所示，我方可将左膝盖骨触及地板以降低重心（如图2所示），同时身形微移，袭向对方右前方，并以右手背下蹭其右膝。

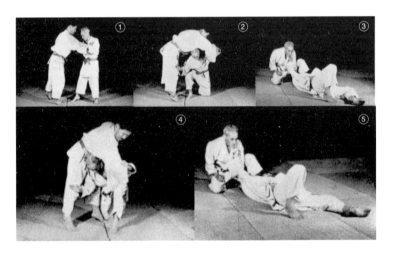

专题 | **抛摔技巧的 15 种反向形式**

　　笔者一直以来都信仰：柔道运动，无极无限。为了阐述这一观点，笔者将投技的
15 种不同的诀窍都做了详细释义。换言之，万千招数皆为虚。不管是主动出击还是破
解对方意图，其最终的目的皆为获胜。一般来说，有两种类型的出招形式，一为文中
所述"Tori"方（即出击方），一为文中所述"Uke"方（即承受方）。二者均为虚幻
角色，用于模拟训练，因此，读者们应细细领会其中的所蕴含的规则和道理。

124. 反剪式或抢摔式诀窍

　　为了阻止对方继续进攻，此时，可用弧旋的方式将其左手打下（此时其左手正拉
住我方右袖），使对方摔至左前侧。若对方继续出击，左前方伸左腿，重心移位至右
前方以保持身体平衡（如图 4 所示），同时保持右膝下垂，左腿微屈。则我方可尝试
上文技巧进行对战（具体如图 5 所示），并将对方头朝前摔在我方左前方。

　　• 以体落招破解浮落招（对方出招）

　　双方自然对峙，相互出招，此时承受方左腿收回，后移一步，右前方袭向出击方，
同时右腿快速变步至左侧。出击方此时可获知其意图，则可右腿前伸，稳住重心，同时，

左腿随右腿渐移。若双方不断重复以上动作，承受方则会在出击方下一步动作前，于第三步就用浮落招轻松将出击方击倒。因此，出击方可将计就计，出左侧 - 体落招（如图2所示）将承受方摔倒在其左前方（如图3所示）。

• 评点：

对战时，出击方要牢记，至第二步时立刻收回右手，弃翻领，转抓承受方袖内中端。

• 以 Yok 大车招（相关描述见前文段落）破解背负投招（对方出招）

若承受方在第三步时，用上面所述背负投姿势出背负投招，此时，出击方可右腿微弯，轻轻躲开，同时将右腿岔入承受方股间，同时身体微斜，借其力将承受方下扯。此时，出击方再主动发动攻势，祭出 Yok 大车招（如图2所示），就能将承受方摔倒在地（如图3所示）。

• 以隅返招破解肩车招（对方出招）

若承受方在第三步使出肩车招，此时出击方可将左脚背岔至承受方右腿内侧下方作为制衡，以阻其攻势。同时，身形微斜迫使承受方躬身下屈，再使出隅返招，将右脚背深深岔入承受方腿间，左岔右岔均可，这样，即可将承受方击翻在地（如图2、3所示）

• 以钓腰招破解体落（对方出招）

　　若承受方在第三步即使出体落招，此时出击方可微微右躲，同时轻抬右脚，使出钓腰招，以跃扫承受方右腿，至此，此招已成功使出。

• 评点：

　　在跃扫承受方右腿时，切记要同时出右手转揪承受方外中袖。

• 以大车招破解带落招（对方出招）

　　如图1所示，承受方右手顺势或反扭紧拽出击方前腰带，同时左腿前移至出击方后方，迫其前变步，此时出击方可快速左拧身躯，使出左侧带落招和右侧大车招以化解攻势。

125. Ashiwaza 足技

• 以燕返破解送足扫（对方斜角出招）

承受方和出击方对面而立，两两对峙，双方均用右手揪对方左领上方，用左手揪对方右袖中部。其中，承受方逐渐呈右架，出击方呈左架。到第三步，承受方使出左侧送足扫，此时，由于出击方已预知其想法，就可转换身形变步，随承受方移动而顺势平移，化解攻势。

• 以膝车破解小内刈（对方出招）

出击方可移右手，拽对方翻领并紧抓袖中，若承受方以扫堂腿反击，则出击方可以用承受方右侧足扫返来抵挡，具体可依图1、图2顺序操作。照此，承受方就会呈斜线华丽跌倒。

双方呈自然对峙状，此时承受方左脚后收，同时身形微跃，跃至出击方的右前方，欲将对方击倒。而出击方右脚需前移一步，左脚也随其而动。若此时承受方继续上前一步，则出击方需随其移动而重复动作。至第三步，承受方使出右侧小内刈这招（如图1所示），出击方在承受方出招时就已获知其意图，则在第二步就出右手抓其左袖翻领，使出右侧膝车这招（如图2所示），将承受方旋转抡出。

• 以大内刈招破解大内刈（对方出招）

双方自然对峙，此时承受方后退，则出击方顺势上前两步，则承受方变向而动。至第三步，出击方左脚一步前移，迫使承受方弃用右侧大内刈招，转而左内侧腰部发力，回掠至中位（如图1所示）。照此，承受方就会顺势背摔在出击方面前（如图2所示）。

- 以隔落招破解支钓込足（对方出招）

双方自然对峙，随着承受方的移动出击方也上前一步。至第三步，承受方使出左侧支钓込足的技术（如图1所示），则当承受方左脚触及其右腿下方时，出击方即祭出隔落招应对，并微沉重心，将左脚移至右后方（如图2所示）。这样，承受方就会在空中飞出，华丽摔倒（如图3所示）。

- 以体落招（破空式）破解内股（对方出招）

双方自然对峙，承受方欲诱其左移，破其平衡。此时，随着出击方移动，承受方无法采用左转架势，则至第三步，直接使出右侧—内股招（如图1）。由于出击方已获悉对方意图，则应极力避其腿部攻击，使其落空（如图2所示）。此时，出击方再祭出左侧体落招（如图3所示），则可将承受方旋转抢出（如图4所示）。

126. Koshiwaza 腰技

- 以 Karigaeshi 招（外推法）破解跳腰（对方出招）

假若双方均处右架，其中，承受方为了攻出击方的右前方，需诱其步步前移。当

出击方前移到第三步时，可再用一次右侧跳腰（如图1所示）。此时，若出击方不断尝试外推，则能更好发挥此招威力（如图2所示）

• 以后腰破解扫腰（对方出招）

双方均处于右架，移至第三步时，承受方尝试右侧扫腰（如图1所示），此时出击方左腿应移至对方左脚附近，再微降重心，下腹发力，双腿夹住承受方，一展此招威力（如图2、3所示）

• 以后腰破解跳腰（对方出招）

双方都如上面姿势，互相对峙，承受方右腰发力，力怼出击方左下腹。此时出击方应立刻紧抱其腰，同时祭出左侧后腰（左侧腰法），左下腹发力，震开承受方（如图2所示）。即，只要出击方祭出移腰，就势必得胜而归（如图3所示）。

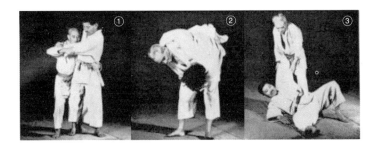

• 以横分破解浮腰招（对方出招）

至第三步，承受方使出右侧浮腰招，此时，出击方可摆出了图1所示的防御姿势。此时，若出击方先发制人，采用横分主动攻击，则承受方就会被其旋转摔出（如图2、

图 3 所示）

• 以一本背负投招破解大腰（四臂互怼式）

在双方四臂互怼时，承受方使出大腰招，此时，出击方将右手置于承受方腋下右前方，并以左腋夹其右臂，同时将其右臂反剪往左扭（如图 1 所示），则承受方的身体就会被迫直立。此时，出击方再松开右手，并改用一本背负投（如图 3 所示），将承受方头朝前背摔在地（如图 4 所示）。

127. 呼吸复苏

此举要义：将调息法用于即将退役的选手

•1 Erikatsu（翻领调息）- 第一式

（1）让承受方按图 1 所示坐好

（2）承受方身形保持略微后屈，屈角呈 30 度左右的状态

（3）Tari 将膝盖抵住承受方脊柱，将其撑起

（4）如图 2 所示，出击方用拇指在翻领内侧轻摁 Uki 内领口

（5）Tari 五指朝下，双手轮流对 Uke 做调息

•2 Erikatsu- 第二式

姿势如下：

前三步操作同上

（4）将手部下侧覆于锁骨下端（如图 1 所示），同时手掌覆其胸膛，并以手指轻抚

（5）含胸略屈，将身体的重心落于双手

呼吸复苏

（6）一气呵成以双手轻轻摁压

•3 对背躺的选手进行调息

姿势如下：

（1）选手背躺

（2）单膝跪立，横跨其上

（3）双手平覆其胸，乳头在指间露出。

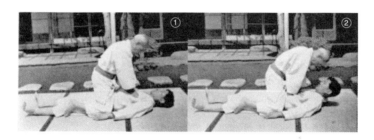

128. 睾丸复苏

此举要义：这项技术应用于在运动员陷入由睾丸被踢引起的晕厥中。

姿势如下：

（1）如果运动员睾丸被踢，受剧痛的影响，其周边部位常常会变得僵硬。应以腹股沟部位为中心，对其进行很好的按摩；

（2）以脚向外伸展的姿势坐着（如图1所示）；

（3）把手从背后岔入对方腋下，抱起对方，一次又一次地将其摔倒；

（4）或者站在踢向睾丸一侧，紧紧抓住手，使受影响的一半身体中断影响；

（5）用脚掌轻轻踢腰骨，或者打搓睾丸，使它们回到阴囊。

129. 溺水复苏

• 此举要义：

这是一项应用于将人从溺水昏睡的状态下唤醒的技术；

在使用水分解技术之前，应先采用呼吸复苏；

在很多情况下，身体可能会被冻伤，所以一定要注意保暖。

• 姿势：

除去衣服；

施救者使被施救者膝盖着地趴在地上（如图2所示）；

或者，一些强壮的人可以面部朝下趴着，让承受方躺在一边；

或者，如果可以得到一个大桶的话，用秸秆生火，让身体面部朝下躺在桶上取暖。

• 复苏：

搓揉好身体后，用手掌从腰部到胃部按压，使其将水吐出；

或者，左右摇晃对方身体。

• 注意事项：

在二十分钟内，是有使溺水者复苏的可能性的（法医学的观点）。

• 一般注意事项：

当搓揉溺水者僵硬的身体时，要将对方面部朝上平放，这是为了放松僵硬的躯体，施救者必须用手掌多次往下搓揉溺水者身体的每一个部分，特别是从脖颈到股区。

• 实施过程中的注意事项

当身体的僵硬得到充分的缓解时，必须要小心使用复苏技术，因为实施过程中力量过大会对睾丸有所损伤。

（2）当头部僵硬程度像石头松动一样时，就必须依靠一些东西来支撑。如果不这样的话，在实施复苏过程中，可能会有颈骨脱位、骨折和颈部骨髓损伤的危险。

（3）如果运动员是由于头部后侧严重撞伤而昏迷，就可能不只有脑震荡，还可能伴有颈骨脱位、颈部骨髓出血的危险。在这种情况下，不应该做紧急复苏，而应该让他躺下，保持安静，立刻送往医院。

• 实施后的注意事项：

虽然这个方法曾经成功挽回生命，但是根据调查，有时候嘴唇和指甲上会留下紫色的痕迹，眼球也难以平定，心理情绪是焦躁不安的。在这样的状态下，必须保持连续观察。